CATALOGUE

D'UNE COLLECTION

DE TABLEAUX,

DESSINS, ESTAMPES, MORCEAUX DE SCULPTURE,

TANT DE MARBRE QUE DE TERRE CUITE,

LIVRES, etc., etc., etc.

LE TOUT PROVENANT DE LA SUCCESSION DE FEU
M. BATAILHE DE FRANCÈS MONTVAL;

Et devant être vendus publiquement en sa maison, rue Miromesnil, N°. 12, faubourg Saint-Honoré, le Mardi 8 janvier 1828 et jours suivans à midi;

Par le ministère de M. LACOSTE, Commissaire-Priseur, rue Thérèse, N°. 2;

Avec l'assistance de M. HENRY, Commissaire-Expert des Musées royaux, rue de Bondi, n°. 23;

Et de M. BLAIZOT, Marchand d'estampes, place Vendôme, N°. 24, agissant pour M. GODET, ancien Marchand d'estampes.

L'EXPOSITION PUBLIQUE

DE TOUS CES OBJETS
Aura lieu les 5, 6 et 7 Janvier.

ET LE CATALOGUE S'EN DISTRIBUE GRATIS
AUX ADRESSES CI-DESSUS.

1827.

IMPRIMERIE DE A. CONIAM,

Rue du Faubourg Montmartre, n. 4.

ORDRE

DES VACATIONS

DE LA VENTE

DU CABINET ET BIBLIOTHEQUE

DE FEU

M. Bataille de Francès-Montval.

Mardi 8 Janvier 1828, à Midi,

SERONT VENDUS,

Les dessins encadrés et en feuilles, inscrits dans le Catalogue sous les Nᵒˢ. 256 à 259.— 41 à 59.
Les morceaux de sculpture, Nᵒˢ. 301 à 328.
Les tableaux, Nᵒˢ. 31 à 40. — 1 à 9.

Mercredi 9 Janvier, même heure.

Les dessins en feuilles et encadrés, Nᵒˢ. 245 à 249. — 229 à 233. — 199 à 208.— 60 à 68.
Les sculptures, Nᵒˢ. 273 à 300.
Les tableaux, Nᵒˢ. 22 à 30. — 10 à 21.

Jeudi 10 Janvier.

Mannequins, plâtres, toiles, panneaux, boîtes à couleurs, chevalets et autres ustensiles à l'usage des peintres, Nᵒˢ. 329 à 337.

Dessins encadrés et en feuilles, N°. 264 à 269.
—250 à 255. — 234 à 239. — 224 à 228. — 194
à 198. — 189 à 193. — 142 à 147.

Vendredi 11 Janvier.

Les dessins en feuilles, N°. 260 à 263. — 270
à 272. — 217 à 223. — 175 à 188. — 121 à 141.
—69 à 82.

Les objets omis dans le catalogue.

Samedi 12 Janvier.

Les dessins en feuilles, N°. 148 à 162. — 163
à 174. —83 à 120.

Dimanche 13 Janvier.

Exposition publique, de midi à 3 heures de
relevée, des estampes et livres à figures.

Lundi 14 Janvier, et jours suivans.

Les estampes et livres à figures.

Nota. L'ordre des vacations consacrées à la vente de cette
partie du cabinet, sera indiqué par une feuille qui sera distri-
buée pendant l'exposition du dimanche 13 Janvier.

La même feuille indiquera les jours destinés à la vente des
livres de la bibliothèque.

Imprimerie de A. CONIAM, rue du Faub. Montmartre, n. 4.

AVANT-PROPOS.

——

Une rare bienfaisance, l'amour des arts dégagé de toute espèce de faste, la plus grande simplicité dans toutes ses habitudes, telles étaient, au sein de la richesse, les traits dominans de feu M. Batailhe de Francès Montval; telle était aussi sa modestie, qu'elle l'eût rendu sourd au moindre des éloges. Cependant, que d'actions magnanimes ont honoré sa vie et rendu son souvenir ineffaçable, non-seulement dans le cœur des personnes qui ont eu part à ses générosités, mais encore dans l'esprit de celles qui ont eu quelques relations avec lui !

On conçoit qu'un homme de cette trempe ne devait aimer que les plaisirs qui n'entraînent point de regrets après eux. Aussi ses plus doux amusemens furent-ils la peinture qu'il cultivait avec succès, et la contemplation des tableaux, dessins, estampes et morceaux de sculpture, dont il enrichissait continuellement sa collection.

Elle est si considérable, cette collection, qu'au lieu de nous appesantir sur de longs détails qui n'en donneraient qu'une faible idée, nous nous contenterons d'annoncer aux curieux, qu'indépendamment de la richesse et de la variété qui la rendent digne de leur attention, ils y remarqueront en outre une infinité de pièces rares et d'un grand intérêt. En effet, tant de cabinets fameux, vendus et dispersés depuis un demi-siècle, ont-ils pu disparaître de chez nous, sans qu'il en soit passé quelque précieux vestige dans celui de M. de Montval? On le croira d'autant moins, que, pendant tout le cours d'une longue vie, cet amateur consacra une partie de ses

loisirs à visiter les marchands d'estampes et de dessins;
et que jamais il ne se défendit de satisfaire son envie,
quand, en explorant leurs portefeuilles , elle fut excitée
par des morceaux de son goût, ou manquant à sa collection. Tout éclairé qu'était le goût de M. de Montval,
on ne sera sans doute pas surpris qu'il se soit ressenti de
celui des amateurs de son temps. L'engouement qu'ont
excité certains peintres des dernières écoles, pourrait se
comparer à ces épidémies auxquelles peu de personnes
ont le bonheur d'échapper.

Peut-être devons-nous dire que , pour simplifier ce
catalogue, qui sans cela serait devenu un fastidieux volume, nous n'y avons indiqué ni les dimensions des tableaux, ni les matières sur lesquelles ils sont peints.
Ce sont là deux choses dont on pourra se rendre compte
pendant la durée de l'exposition publique. Telles ou
telles remarques, qui sont nécessaires dans les catalogues
destinés à paraître chez l'étranger, deviennent souvent
inutiles dans ceux dont la distribution ne doit pas s'éten-
dre au-delà des murs de Paris.

C'est par suite de ce raisonnement que nous nous
sommes aussi abstenus d'expliquer ce que représentent
et de quelle manière sont exécutés les divers dessins
dont nous avons composés des lots plus ou moins consi-
dérables.

Quant aux estampes, comme elles forment la plus in-
téressante partie du cabinet de M. de Montval, M. Blaizot, fils, en a rédigé le catalogue avec une exactitude
qui nous semble ne laisser rien à desirer.

Il nous reste à prévenir les amateurs, qu'il sera
dressé un ordre de vacations, dont la feuille se distri-
buera dans la salle d'exposition.

Catalogue

DE TABLEAUX,

DESSINS, ESTAMPES,

MORCEAUX DE SCULPTURE, etc.

TABLEAUX.

1. BRUEGHEL (Jean) dit BREUGLE DE VELOURS. — Paysage enrichi d'un grand nombre de figures dessinées avec beaucoup d'esprit.

2. DOLCI (Carlo). — La viérge Marie en oraison.

Le Dolce a souvent répété cette figure; mais on se lasse d'autant moins de la revoir, qu'il semble impossible d'en imaginer une autre qui réponde plus parfaitement à l'idée qu'on se fait de la chàste Marie.

3. GENNARI (Benedetto). — La Sainte Famille, accompagnée de deux anges. Marie se dispose à coucher l'Enfant-Jésus dans son berceau.

4. Le Christ mort. Un ange le soutient assis sur la pierre de son tombeau; un autre est en adoration devant lui.

5. CHAMPAGNE (Philippe). — Moïse appuyé sur les

tables de la loi. C'est l'esquisse d'un tableau d'après lequel Edelink a gravé une très-belle estampe.

6. BARDIN. —Quatre esquisses : un sacrifice, esclaves offertes à un sultan ; le même sujet différemment composé, et celui de la résurrection de Jésus-Christ.

7. BOUCHER (François). Groupe de trois amours sur des nuages.

8. Sept esquisses, savoir : la Nativité de Jésus, Vénus au milieu d'amours qui s'exercent à lancer des flèches, Eole, Danaé, jeune fille déposant une offrande sur un autel, une femme à mi-corps, etc.

9. CLOUET dit JANET, —Petit portrait d'homme représenté en buste et de profil.

10. GÉRARD (Mlle.).—Scène familière. Elle est composée d'un petit garçon dessinant sous les yeux de sa mère, tandis que sa sœur, un livre à la main, fait une lecture qui occupe toute son attention.

11. Portrait en buste d'une jeune dame.

12. Buste de jeune garçon.

Mlle. Gérard est la première des peintres français qui ait osé rivaliser d'exécution avec ceux de l'ancienne école des Pays-Bays. Indépendamment de ce mérite sur lequel on est si peu d'accord aujourd'hui, elle a toujours su plaire et intéresser par cette teinte de candeur qui prête à ses scènes domestiques un charme qui leur est particulier.

13. GREUZE (Jean-Baptiste). — Buste de petit garçon de l'âge de quatre à cinq ans. [annotation manuscrite, en grande partie illisible]

Quiconque est en état de juger du mérite d'un tableau, conviendra que celui-ci est du meilleur faire de son auteur.

14. LE MOINE (François). — Jeune femme tenant deux enfans dans ses bras. C'est probablement Latone portant Diane et Apollon.

15. NATOIRE (Charles). — Jeune femme représentée à mi-corps, et coiffée d'un turban.

16. — Adam et Ève, esquisse.

17. RENAUD (M.). — Petite esquisse représentant une jeune fille qui lit à haute voix devant sa mère.

18. RIGAUD (Hyacinthe). — Le portrait de ce peintre.

19. VANLOO (Carle). — Madeleine succombant aux longues austérités de sa pénitence, avec le calme d'une âme qui se confie en la miséricorde divine.

20. — Tête d'homme. Étude pour une figure de Jésus.

21. — La lecture dans le parc. Grande esquisse peinte en camaïeu.

D'APRÈS DIFFÉRENS MAITRES.

22. RAPHAEL (D'après). — La Vierge, dite *la Belle Jardinière.*

23. — Le sommeil de l'Enfant-Jésus.

24. — Saint Jean-Baptiste adorant l'Enfant-Jésus, qui s'élance dans les bras de sa mère, etc...

(8)

25. — La Vierge et l'Enfant-Jésus.

26. GUIDE (D'après le). — L'enlèvement de Déjanire.

27. — Madeleine pénitente.

28. — Le même sujet.

29. CARRACHE (Annibal d'après). — La Vierge recommandant le silence au petit saint Jean, afin qu'il ne trouble pas le sommeil de Jésus.

30. GREUZE (D'après). — Copie du tableau communément appelé : *La petite fille au chien.*

31. LE MOINE (D'après). — Femme portant deux enfans dans ses bras.

32. SANTERRE (D'après). — Femme à mi-corps, figurant la géométrie.

33. VANLOO (D'après). — Enée fuyant Troye ; il porte son père Anchise sur son dos, et mène son fils Ascagne par la main.

34. — Tête d'expression : belle étude exécutée dans le goût de Van Dyck.

35. — Une autre tête d'homme qui nous paraît être du même pinceau.

36. — Tête d'enfant : elle tient aussi à la manière de Van Dyck.

37. — L'Enfant-Jésus soutenu par sainte Anne, et tendant les mains à sa mère. Ce tableau pourrait bien être de Lagrenée.

38. — Pêcheurs dans leur bateau près d'une côte bordée de rochers.

39. — Plus de trente tableaux et esquisses qui ne nous ont pas paru mériter d'être inscrits séparément.

40. — Portefeuille contenant une vingtaine d'études.

DESSINS ENCADRÉS.

41. BARDIN. — Un dessin, sujet de bacchanale.

42. BARROQUE (Frédéric). — Tête d'étude pour un saint François.

43. BISCAÏNO (B.). — Marche de Silène.

44. BOTH (Jean). — Deux dessins, monumens antiques et tombés en ruines.

45. BOUCHARDON. — Quatorze dessins, sujets de camées antiques, compositions, projets de monumens et d'embellissemens de jardins.

46. BOUCHER (François). — Huit dessins : figures académiques, jeux d'enfans et sujets mythologiques.

47. — Jeune fille étudiant un morceau de musique.

48. BRIL (Paul). — Paysage dessiné d'après nature. Autre paysage dans la manière de ce maître.

49. CABEL (Adrien Vander). — Deux paysages.

50. CARRACHE (Annibal). — L'adoration des mages.

51. CHATELET. — Deux dessins, vues prises dans les Alpes.

52. GUERPITEL. — Projet de décoration théâtrale représentant l'intérieur d'un temple.

53. CORNEILLE (Michel). — La Sainte Famille et saint Jean-Baptiste enfant. Contre-épreuve.

54. DE LA RUE. — Enfans ornant de guirlandes une statue du dieu Pan.

55. DIÉTRICK (G. E.). — La Sainte Famille.

56. DUNKER (P. A.). — Paysage.

57. EISEN (Charles). —Trois dessins : la charité humaine, la charité romaine et le martyre de saint Étienne.

58. FERG (Paul). —Deux paysages enrichis de figures.

59. FRAGONARD. (Honoré). — Trois paysages.

60. GREUZE (Jean-Baptiste). — Cinq études de têtes.

61. GUERCHIN (François Barbieri, dit le). — Trois dessins : paysage, vieillard lisant, et l'Enfant-Jésus dans les bras de sa mère.

62. LAIRESSE (Gérard de). — Satyre avec une bacchante, et une figure allégorique représentant la justice.

63. JOUVENET (Jean). — La visitation.

64. LALLEMANT. — Vue du palais de la Villa Estense à Tivoli.

65. LEPRINCE (Jean-Baptiste). — Scènes publiques tirées de la vie du peuple russe.

66. LOCATELLI (André). — Deux dessins : paysage et ruines.

67. LOIR (Nicolas). — Apollon poursuivant Daphné.

68. NANATTE (Carle). — Nabad et Abigaïl, repos de Vénus.

69. MARILLIER. — Deux dessins : cartouches pour frontispices de livres.

70. MOUCHERON (Frédéric) — Paysage.

71. NATOIRE (Charles). — Treize dessins : académies et sujets divers.

72. RENAUD (M.). — Trois dessins : Psyché et l'Amour, Mercure et un soldat romain.

73. RIVALZ (Antoine). Scène de déluge, traitée dans le style poétique.

74. SAINT-QUENTIN. — Projet de trophée.

75. VANLOO (Carle). — Deux compositions historiques et un portrait d'homme coiffé d'un bonnet.

76. — Quatre têtes et cinq figures académiques.

77. VERNET (Joseph). — Vue du temple de la sibylle à Tivoli. Pêcheurs au bord d'une rivière.

78. — Une Madeleine d'après le Guide et quatre portraits, le tout dessiné au pastel.

PAR DIFFERENS MAITRES.

79. — Ruines de Saint-Jean-de-Latran à Rome.

80. — Trois dessins. Vue prise dans Rome ; ruines d'une ancienne ville située sur le bord de la mer ; le sénat romain donnant audience à des ambassadeurs étrangers.

81. — Deux dessins ; l'un attribué à Baccio Bandinelli, et représentant Minerve ; l'autre d'après Raphaël et représentant une figure de l'école d'Athènes.

82. — Douze dessins environ, études de tête, paysages et compositions.

DESSINS EN FEUILLES,

COMPOSITIONS HISTORIQUES ET AUTRES,

GROUPES ET ÉTUDES DE FIGURES.

83. — Trois dessins ; l'un par Raphaël da Reggio, représentant la mise au tombeau ; les deux autres attribués à Raphaël Sanzio, études de figures.

84. — Quatre dessins par le Corrège, le Parmesan, Guido-Réni et Lesueur : études de figures et compositions.

85. — Quatre dessins par Jules Romain, le Parmesan, Baptiste Franco et Jean d'Udine.

86. — Quatre dessins, études de figures et sujets composés par Raphaël, le Corrège, Tibaldi et Primatice.

87. — Six dessins par L. Carrache, le Corrège, P. Véronèse, Lombardelli et Poussin.

88. — Six dessins, par de Santi-Pacini, Lesueur, Le Brun, Lafage, Lafosse et Subleyras.

89. — Huit dessins, par Parmesan, le Guide, le Guerchin, L. Carrache, Brescia, Valério et autres.

90. — Huit dessins, par Aug. Carrache, le Guerchin, l'Albane, Lesueur, Le Brun et autres.

91. — Huit dessins, par Lippi, Polidore, Poussin, Van Dyck, Stella et autres.

92. — Huit dessins, par Guerchin, Baptiste Franco, Vasari, Solimène et Coypel.

93. — Huit dessins, par Bourdon, M. Corneille, Boulongne et autres.

94. — Dix dessins, par Lebrun, Trémolière, Lairesse, Boucher et Natoire.

95 — Dix dessins, par le Poussin, Lahire, Dieu, Loir, Natoire et Greuse.

96. — Dix dessins, par Perrin del Vaga, Cortone, Poussin et autres.

97. — Dix dessins, par Facini, Passari, Poussin, L. Carrache, Le Brun et Natoire.

98. — Dix dessins, par Natoire et Savey.

99. — Dix dessins, attribués à del Vaga et à Nicolas Poussin.

100. — Dix dessins, sujets composés, attribués à Raphaël, Jules Romain, le Parmesan, Louis Carrache et autres.

101. — Douze dessins, par le Guide, Lesueur, Le Brun, Mignard, Lahire, Bourguignon, Lavallée-Poussin, Verdier, Quillet et autres.

102. — Douze dessins par Cortone, Lesueur, Le Brun, Champagne, Natoire, Lavallée-Poussin, Boucher et autres.

103. — Douze dessins, par Lesueur, Chiari, Cortone, Le Brun, Vouet, Bouchardon, Natoire et autres.

104. — Douze dessins, par Salembeni, Primatice, le Poussin, Lesueur et Natoire.

105. — Douze dessins, par le Poussin, Bourdon, Rubens, Guido-Reni, Maratte, Lahire, Blanchard, et autres.

106. — Douze dessins, par Romanelli ; Le Brun, Testelin, Bouchardon, Natoire, Vignon, Trémolière, Vien, Peyron et autres.

107. — Douze dessins, par le Guide, Frédéric Sustris, Castiglione, Le Brun, Natoire, Larue et autres.

108. — Douze dessins, par Perrin del Vaga, Bloemaert, Rubens, Diepenbecke, Janssens, Piètre-Teste et autres.

109. — Quinze dessins, par le Titien, Louis Car-

(15)

rache, Josepin, Cortone, Poussin, Vouet et Le Brun.

110. — Quinze dessins, par le Poussin, Le Brun, Vouet, Stella, Villequin, Boulongne et autres.

111. — Quinze dessins, par le Bourdon, Lafage, Lafosse, Mignard, Vanloo, Le Brun et Larue.

112. — Quinze dessins, par Champagne, Guerchin, Natoire, Trémolière et autres.

113. — Quinze dessins, par Vouet, Colin de Vermont, Vanloo, Larue, Bouchardon, Boucher, Natoire et Lagrenée.

114. — Quinze dessins, par Vander-Meulen, Lemoine, Vanloo, Lafage, Restout, Trémolière, Colin de Vermont, Suvée et autres.

115. — Dix-huit dessins, par Vander-Meulen, études de figures, de chevaux et de paysage.

116. — Dix-huit dessins, par Le Brun, Verdier, Jouvenet, Vanloo, Monsiau, Trémolière et autres.

117. — Vingt dessins, par Vanloo, Natoire et Larue.

118. — Vingt dessins, par Corneille, Lafosse, Vanloo, Natoire et Larue.

119. — Vingt dessins, par Salviati, Cortone, Van Thulden, Bouchardon et de Larue.

120. — Vingt dessins, par Parocel, Larue, Pariseau, Challe, de Vermont, Loutherbourg, Pajou, Natoire, Trémolière, Taillasson et Boucher.

121. — Vingt dessins, par Le Brun, Vouet, Lahire, Bouchardon et Boucher.

122. — Vingt dessins, par Polidore, Parmesan, François Flamand, Mathias-Préti et Pietro de Cortone.

123. — Vingt dessins, par Piètre Testa, Gennari, Mola, André - Ferrari, Benedette Castiglione et autres.

124. — Vingt dessins, par Rafaëllino de Regio, Frédéric Zucchero, Pesarèse, Boulogne et autres.

125. — Vingt dessins, par Polidore, Carrache, Pesarèse, Boscoli, Bassan, Lahire, Boulongne, Goltius et autres.

126. — Vingt dessins, par Case, Bourdon, Natoire, Trémolière, Larue, Suvée et autres.

127. — Vingt dessins, par Lavallée - Poussin, Natoire, Suvée, Boucher et Larue.

128. — Vingt dessins, par Le Brun, Verdier, Vouet, Baujin, Boucher, Lagrénée et autres.

129. — Vingt dessins, par Cangiage, Pulino, Primatice, Solimène, le Poussin et autres.

13. — Vingt-quatre dessins et croquis, par Alexandre, Boucher, Lemoine, Natoire, Parocel, Trémolière, Taillasson et autres.

131. — Vingt-quatre dessins et croquis, par Lesueur, Goltius, Blanchet, Natoire, Lélu et autres.

132. — Vingt-quatre dessins, par Verdier, Boucher et autres.

133. — Vingt-quatre dessins, par Romanelli, Ottovenius, Bouchardon et Larue.

134. — Vingt-quatre dessins et croquis, par Lemoine, Natoire, Larue, Gois et Taillasson.

135. — Vingt-quatre dessins, par Le Brun, Lahire, Vouet, Natoire et Fragonard.

136. — Vingt-quatre dessins, par Le Brun, Boulongne, Natoire, et Bouchardon.

137. — Vingt-quatre dessins, par Suvée, Larue, Lemoine, Natoire et autres.

138. — Vingt-quatre dessins, compositions, la plupart par Boucher et Vanloo.

139. — Vingt-quatre dessins et croquis, par Vanloo, Natoire, Boucher, Ango et autres.

140. — Vingt-cinq dessins, par Natoire, Hutin, Van Balen et autres.

141. — Vingt-cinq dessins, par Ango, Bouchardon, Larue et Natoire.

142. — Vingt-cinq dessins, par Loir, Verdier, Boucher, Trémolière, Cortone, Stella et autres.

143. — Vingt-six dessins, par le Poussin, Cortone, Lauri, Lemoine, Natoire, Boucher, Lagrénée et autres.

144. — Vingt-sept dessins, par Champagne, Loir,

Lahire, Desbayes et autres maîtres des diverses écoles.

145. — Trente dessins, par Guerchin, Lauri, Dietrick et Larue.

146. — Trente dessins, par Bouchardon, Natoire, Boucher, Carême, Baujin, Vouet et Larue.

147. — Trente dessins, par Pordenon, L. Jordane, Solimène, Lutti, Dietrick, Van Mool, Natoire, Lagrenée et autres maîtres.

148. — Trente dessins, par Pesarèse, S. Bourbon, L Desrais, Charles Natoire et autres.

149. — Trente dessins et croquis, par Ango, Roettiers, Bardin, Vanloo, Taillasson et autres.

150. — Trente dessins et croquis, la plupart par Boucher.

151. — Trente-deux dessins, par le Guerchin, Crayer, Brennet, Pannini, Larue, Loir et autres.

152. — Trente-trois dessins et croquis, les uns par Boucher, les autres par Natoire, Ango, Colin de Vermont et autres peintres.

153. — Trente-cinq croquis et dessins, par le Guerchin, Vanloo, Ango, Boucher et autres.

154. — Trente-cinq dessins, dont plusieurs sont dans le goût du Guerchin, et beaucoup d'autres par Ango.

155. — Trente-neuf dessins par Larue.

156. — Quarante dessins, par Larue.

157. — Quarante dessins et croquis, par Verdier, Colin de Vermont et Boucher.

158. — Cinquante dessins et croquis, dont un grand nombre par Ango, Parrocel, Natoire, Boucher, M. Corneille, Lairesse et autres.

159. — Cinquante-huit dessins et croquis.

160. — Soixante dessins et croquis, par Boucher, Trémolière, Gois et Parrocel.

161. — Soixante croquis, dont un grand nombre par Ango, Gennaro, et d'après d'anciens tableaux.

162. — Soixante dessins et croquis, par Boulongne, Ango, Boucher, Natoire et autres.

ÉTUDES DE FIGURES, DE TÊTES,

PIEDS, MAINS ET DRAPERIES.

163. — Un dessin par Raphaël Mengs, groupe d'enfans.

164. — Quinze dessins, études de têtes et portraits, par Lépicié, Vanloo, Natoire, etc.

165. — Douze dessins, compositions et études de têtes, par Préti, Le Brun, Lesueur et autres.

166. — Douze dessins, par Le Brun, Lesueur et autres.

167. Douze dessins par Lépicié, Natoire et autres.

168. — Quinze dessins, études de figures drapées , par Le Brun, Natoire, Greuse, et autres.

169. — Vingt dessins, études de figures drapées ; par Vouet, Le Brun, Lafosse, Bouchardon , Boucher et autres.

170. — Vingt études de figures, par Lepautre, Coypel , Boucher, Lafosse , Natoire , Greuze , et autres.

171. — Vingt dessins, études de figures drapées et nues, par Vouet, Lafosse, Subleyras et autres.

172. — Vingt dessins, figures drapées et autres, par Vouet, Natoire, Ango, Bouchardon, etc.

173. — Vingt dessins, figures académiques , par Vanloo, Natoire, Boucher, Pêcheux, Mengs et autres.

174. — Vingt dessins, figures académiques , par Vanloo , Jouvenet, Boucher, Bouchardon, Coypel et autres.

175. — Vingt dessins, figures académiques, par Le Brun, Bourdon, Vanloo, Pêcheux, Natoire, Boucher et autres.

176. — Vingt-deux dessins, figures académiques, par Bouchardon, Boucher , Natoire et autres.

177. — Vingt-quatre études de figures nues et drapées.

178. — Vingt-quatre *dito*, dont plusieurs par Taillasson et le Barbier.

179. — Vingt-cinq dessins, figures drapées et au-

tres, par J. B. Corneille, Bouchardon, Restout, Natoire, etc.

180. — Vingt-cinq dessins, études de figures drapées et autres, par Le Brun, Vouet, André Bourbon, Trémolière, Bouchet, Lafosse et autres.

181. — Vingt-cinq dessins, figures académiques, par différens maîtres.

182. — Vingt-huit dessins, figures académiques, par Vouet, Vanloo, Lafosse, Verdier, Watteau, Boucher, Natoire, etc

182 bis. — Trente figures drapées et autres.

183. — Trente études de figures drapées.

184. — Trente-cinq dessins, têtes d'études et figures académiques, par Lépicié, Vanloo, Boucher, Simon Vouet, le Lorrain, Hutin, Forty, etc.

185. — Trente-cinq études de figures drapées.

186. — Quarante dessins, études de figures nues et drapées, dont plusieurs par Boulongne, Natoire et Boucher,

187. — Cinquante dessins, figures drapées et autres.

188. — Cinquante dessins, académies et figures drapées.

189. — Cinquante dessins, figures académiques, figures drapées et autres études.

190. — Cinquante-quatre études de figures, par Vouet, Lafosse, Boulongne, Boucher et autres.

191. — Soixante-six dessins de Verdier, figures académiques et autres.

192. — Soixante-huit études de figures drapées.

193. — Soixante-dix-sept dessins et croquis, figures drapées et autres.

194. — Deux dessins par de Boissieu, têtes de femme et de vieillard.

195 — Quatre études de tête et portraits, par Van Dyck, Goltius et Watteau.

196. — Quatre portraits et études de tête, par le Padouan et Pierre Leroy.

197. — Six dessins, têtes, par Bernin, Greuse et Natoire.

198. — Dix dessins, portraits et études de tête, par Greuse, Lemoyne, Bardon, Boucher et autres.

199. — Douze études de tête, par Barroche, Le Brun, Greuse et autres.

200. — Quinze dessins, portraits et études de tête, par Veronèse, Spada et autres.

201. — Vingt-quatre études de tête, par Josepin, Greuse, Boulongne, Boucher, Natoire et autres.

202. — Vingt-quatre études de tête, par Parmesan, Carrache, Le Brun, Bouchardon, Natoire et autres.

203. — Trente études de têtes, par Spoed, Vanloo, Boucher, Natoire et autres.

204. — Trente dessins, par Suvée (études d'après

différens tableaux de maîtres italiens), têtes, figures
drapées et groupes de figures.

205. — Quarante études de têtes, par différens
maîtres.

206. —Cinquante dessins, portraits et études de têtes,
par Greuse, Lemoyne, Bardon et Boucher.

207. — Soixante-cinq études de têtes, par Vouet,
Frontier, Hutin, Natoire, Boucher, Bardon, Bouchardon, etc.

208. — Cent études de têtes, pieds, mains et dra-
peries; cent études *idem*.

PAYSAGES, VUES DE ROME ET AUTRES,

ETUDES DE FABRIQUES, etc.

209. — Deux paysages, sites d'Italie, dessinés par
M. Bourgeois.

210. — Six dessins, études et compositions, par
N. Poussin, Le Gaspre, Bolognèse, Watterloo et
autres peintres.

211. — Neuf dessins, études de paysage et compositions, par Guido Reni, S. Bourdon, Bolognèse,
Forest, etc., etc.

212. —Douze dessins, par Le Gaspre, J. B. Leprince, Robert et autres.

213. — Douze dessins, par Bolognèse, Van Bloemen, Fragonard, et autres.

214. — Douze dessins, par Bréenberg, Van Asch,
Molyn, et autres maîtres des Pays-Bas.

215. — Douze dessins, compositions, vues et études,
par Le Titien, Bolognèse, Allegrain, Weirotter et
autres.

216. — Paysages et fabriques, par Rogman, Th.
Wyck, Everdingen, Molyn, Waterloo et autres : en
tout, douze dessins.

217. — Quatorze dessins, par Van Uden, Boissieu,
Prudhomme et autres.

218. — Dix-huit dessins et croquis, par N. Poussin,
Bolognèse, J.-B. Leprince, Boucher et autres.

219. — Vingt dessins, études de paysage, par différens maîtres.

220. — Vingt dessins, paysages et fabriques, par
Vanloo, Boucher, Robert et autres.

221. — Vingt dessins, vues de Rome, par Robert.

222. — Vingt dessins, autres vues de Rome, par le
même.

223. — Vingt dessins, paysages, par Bolognèse,
Campagnola, Vander Meulen, Bourdon, Silvestre,
Echard et autres maîtres.

224. — Vingt dessins, études de paysages et fabriques de Rome, par Robert et autres.

225. — Vingt-cinq dessins, par Robert, Pillément et autres paysagistes.

226. — Vingt-neuf dessins, par Robert, Pillément, J.-B. Leprince et autres.

227. — Trente-cinq dessins, par différens maîtres. Paysages et études de paysage.

228. — Quarante dessins et croquis de paysages, par différens peintres.

229. — Quarante-cinq dessins et contre-épreuves : études de paysage.

230. — Cinquante dessins et contre-épreuves.

231. — Trente dessins et études de paysage, par Bolognèse, Pierre, Belangé, Moreau, Robert, Dunker et autres.

232. — Trente dessins, par Bolognèse, Milet, Allegrain, Fragonard et autres.

233. — Vingt-cinq dessins, par Everdingen, Sarrasin, Robert et autres.

ETUDES D'ANIMAUX, DE PLANTES
ET DE FLEURS.

234. — Douze dessins, animaux divers, par Roos, Boucher, de Larue, Huet, Lépicié et autres.

235. — Quarante dessins et croquis, études d'animaux.

236. — Cinquante dessins et croquis, études du même genre.

237. — Soixante dessins, croquis et contre-épreuves; études du même genre.

238. — Quatre dessins, par Van Huysum; bouquets de fleurs.

239. — Études de plantes diverses : vingt dessins.

ANTIQUITÉS, ARCHITECTURE,

SCULPTURE, etc.

240. — Huit dessins, monumens antiques, par Le Doux.

241. — Douze dessins, par Le Brun, Van Claye, Delafosse et autres: autels, écussons, fontaines et Mausolées.

242. — Vingt dessins d'architecture et sculpture, autels, plafonds, fontaines, vases, etc.

243. — Vingt-cinq dessins; monumens d'architecture et sculpture.

244. — Vingt-six dessins, d'après l'antique, et d'après d'anciens tableaux,

245. — Trente-six dessins, d'après l'antique, et d'après des tableaux anciens.

246. — Quarante dessins: projets d'autels, mausolées, obélisques, plafonds et autres.

247. — Quarante-deux dessins : projets d'architecture, et autres.

248. — Quarante-huit dessins : ornemens de sculpture.

249. — Cinquante dessins, les uns d'après l'antique, les autres d'après différens maîtres anciens.

250. — Cinquante dessins : vases, meubles, et monumens antiques.

251. — Cinquante dessins : vases, meubles, et monumens antiques.

252. — Cinquante dessins, la pluspart d'après l'antique, et d'après d'anciens tableaux.

253. — Cinquante dessins et croquis, par Bouchardon ; sujets relatifs au règne de Louis XV.

254. — Quatre-vingt-cinq dessins et croquis de mausolées, tombeaux, frontispices, cartouches, etc., etc.

255. — Cent quatorze dessins de médailles frappées sous le règne de Louis XIV, et consacrant les principaux faits de ce monarque.

SUJETS DIVERS.

256. — Vingt-six contre-épreuves de dessins.

257. — Trente-neuf contre-épreuves) : têtes, figures antiques, compositions.

258. — Quarante contre-épreuves de dessins et de croquis, d'après d'anciens tableaux.

259. — Cinquante contre-épreuves, figures, vases, ornemens divers, partie d'après l'antique, partie d'après des monumens des tems modernes.

260. — Cinquante-cinq contre-épreuves : figures et compositions.

261. Cinquante-huit contre-épreuves : ruines, fabriques, paysages ; d'après des dessins de Robert.

262. — Soixante-quinze contre-épreuves de dessins d'après l'antique

263. — Quatre-vingts contre-épreuves : figures académiques et autres

264. — Quatre-vingt-seize contre-épreuves.

265. — Cent contre-épreuves : figures et antiquités.

266. — Cent contre-épreuves, compositions diverses.

267. — Cent contre-épreuves diverses.

268. — Cent quatre contre-épreuves : têtes d'études.

269. — Un lot de contre-épreuves, d'après des dessins de monumens antiques.

270. — Trois volumes, contenant des dessins de différens maîtres.

271. — Sept livrets, contenant des études : figures et monumens antiques.

272. — Un porte-feuille rempli de calques,

MORCEAUX DE SCULPTURE.

MARBRE BLANC.

273. — L'étude. Elle est figurée par une femme assise et tenant un livre ouvert, dont la lecture l'occupe profondément. Un coq est placé derrière elle, pour marquer qu'elle travaille sans relâche, de nuit comme de jour.

274. — Buste de jeune garçon.

BRONZE.

275. — L'Apolline ou jeune Apollon, petite figure copiée d'après l'antique.

TERRE CUITE.

276. BOUCHARDON (Edme), — Cérès, un fleuve et une naïade. Ces trois figures sont les esquisses de celles que l'auteur a exécutées en marbre, pour la fontaine de la rue de Grenelle.

277. CLODION. — Groupe composé d'une bacchante et de deux petits enfans.

278. — Groupe de trois enfans.

279. — Figure de Minerve.

280. — Jeune fille faisant l'offrande d'une fleur.

281. — Joueuse de flûte.

282. — Prêtresse portant une corbeille de fleurs sur la tête, et tenant une cassolette.

283. — Jeune fille portant un vase et deux couronnes.

284. — Jeune fille portant une rose sur un plateau.

285. — Autre, portant une corbeille de fleurs sur la tête et une cassolette à la main.

286. — Autre, tenant un rameau ou aspersoir.

287. — L'amour adolescent. D'une main il tient une rose et de l'autre une flèche, symboles des plaisirs et des peines qu'il cause alternativement.

288. — Cupidon, portant sur sa tête une espèce de tambour surmonté de deux colombes : modèle pour une boîte de pendule.

289. — Quatre bas-reliefs allégoriques, où sont personnifiés l'astronomie, la géométrie, la musique et les arts du dessin.

290. — Bas-relief représentant l'amour affourché sur un chien : Allégorie de l'amour et de la fidélité.

291. — Deux bas relief; dans l'un, une femme offrant un cœur en sacrifice; dans l'autre, une femme offrant une colombe.

292. — Un bas-relief composé de deux prêtresses de Vesta, entretenant le feu sacré.

293. Un bas-relief en forme de frise, représentant une bacchanale.

294. — Autre bas-relief : jeux d'enfans.

295. — Couston, (Nicolas.) — Scipion l'Africain : modèle d'une figure en marbre qu'on voit aux Tuileries.

296. Falconet, (   ) — Figure de femme appuyée sur un médaillon qu'elle orne de guirlandes de laurier.

297. Legros, (P. F.) — Figure de Junon.

298. Lepautre, (Pierre.) — Enée portant son père Anchise sur ses épaules.

299. Michel, (   ) — Bacchante dansant.

300. — Bacchante jouant de la flûte : cette figure est le pendant de la précédente.

301. — Naïade appuyée sur un rocher d'où sortent les eaux d'une source.

302. — Naïade assise sur un rocher et tenant une urne renversée.

303. Slodtz, (Sébastien) — Annibal après la fameuse bataille de Cannes. On le reconnaît à l'urne remplie d'anneaux qui est à côté de lui. L'histoire dit qu'il envoya à Carthage trois boisseaux de ces anneaux, pris aux chevaliers qui perdirent la vie dans ce combat.

304. Tassaert, (   ) — Jeune femme sortant du bain.

PAR DES MAITRES INCONNUS.

305. — Trois bustes de femme.

306. — Deux petits bustes de femme.

307. — Figure de femme couchée et sur le point d'expirer.

308. — Cinq petites figures d'enfans dans le goût de François Flamand.

309. — L'Enfant-Jésus couché sur une croix.

310. — Naïade appuyée sur une urne.

311. — Jeune femme sortant du bain.

312. — Autre figure de femme nue , à mi-corps et retroussant ses cheveux.

313. — Femme portant un vase sur sa tête.

313 *bis.* — Prêtresse de la fidélité.

314. — Femme croisant les bras au-dessous du sein.

315. — Deux bas-relief, sujets poëtiques. Dans l'un, Anacréon est assis, la tasse en main, sur un lit de repos. Egayé par le vin, inspiré par l'amour, sous les doigts duquel il entend résonner sa lyre, il se dispose à chanter Bacchus, les grâces et la beauté. L'autre bas-relief nous offre l'amour soutenant une tablette et dictant des vers à l'aimable poëte de Téos, auquel il a prêté son brandon pour les tracer.

316. — Un modèle ou esquisse pour une figure de Moïse.

317. — Un autre modèle pour une figure de Clio, muse qui préside à l'histoire.

318. — Une bacchante chargée de raisins.

319. — Modèle de lampe dans le goût antique. Elle

est surmontée d'une figure de femme, tenant un livre ouvert.

320. — Enfant pleurant.

321. — L'enfant à la cage.

322. — L'amour triomphant d'un satyre.

323. — L'amitié tendant les bras à l'amour qui la trompe et lui perce le cœur.

D'APRÈS L'ANTIQUE.

324. — Le faune à l'enfant.

325. — Vénus et une autre figure pour pendant.

326. — Bacchus et une autre figure.

327. — Satyre attaché à un arbre.

328. — Psyché et l'amour.

PLATRE.

329. — Un petit bas-relief encadré, représentan un sujet historique.

330. = Une très-grande quantité de bustes, torses, figures entières, parties de figures et bas-reliefs à l'usage des écoles de peinture. Parmi les figures entières, se trouvent la Vénus de Médicis, la Vénus accroupie, l'hermaphrodite, l'Apolline, le tireur d'épine et beaucoup d'autres, également copiées d'après l'antique.

OBJETS DIVERS.

331. — Trois mannequins à l'usage des peintres, chevalets, boîtes à couleurs, couleurs de différentes espèces.

332. — Un nombre considérable de panneaux et de toiles pour tableaux.

333, — Des cadres dorés.

334. — Une quantité de porte-feuilles pour estampes et dessins.

335. — Une presse d'imprimerie pour la taille douce.

336. — Quelques tablettes et socles de marbre.

337. — Un petit modèle de temple en bois.

ESTAMPES.

Nota. L'astérisque placée à côté d'un numéro indique un morceau encadré sous verre.

338. ALMELOVEEN (Par Joh.) — Divers paysages; vues de rivières, etc. : 4 pièces.

339. AUDOIN (Par Pierre). — Vénus blessée, d'après Raphaël ; Jupiter et Antiope, d'après Le Corrège : 2 pièces.

340 *. AUDRAN (Par Gérard). — Entrée d'Alexandre dans Babylone, d'après Le Brun. Ancienne épreuve.

341. — Porus devant Alexandre ; batailles et triom-
phes de Constantin : 3 grandes pièces.

342. — La peste, d'après Mignard : épreuve dite avec
la Junon.

343. — Le portement de croix, d'après Le Brun
épreuve avant la lettre : pièce rare.

344. AUGUSTIN-VÉNITIEN. — Vénus et Vulcain, Vénus est assise à gauche près de Vulcain qui tient sur ses
épaules des flèches dont Vénus remplit le carquois de
Cupidon : on lit à gauche en bas de l'estampe. — *Raph.*
Urb. dum. viveret inven.: et au-dessous de cette inscription
une tablette, avec les lettres *A. V.* et l'année 1530 : 1 pièce.

345. LE MÊME. — Isaac bénissant Jacob ; adoration
des bergers, fragment de l'école d'Athènes : Hercule
Mars, etc. : 8 pièces d'après Raphaël et autres.

346. LE MÊME. — La Manne. Moïse est debout à gauche, adressant la parole aux Israélites, dont deux se
prosternent devant lui ; pièce gravée d'après Raphaël ;
les lettres A. V. au milieu du bas de l'estampe.

347. AVRIL (par M.). — Combat des Horaces, Coriolan et Véturie, Pénélope, Licurgue, d'après Le Barbier ; la résurrection du Lazare, d'après Le Sueur
6 pièces.

348 *. BARTOLOZZI (Par François). — Clytie éloignant l'amour, d'après Annibal Carrache.

349. — Le silence, la femme adultère, Clytie, la circoncision : 4 pièces, d'après Annibal et Augustin Carrache, et Le Guerchin.

350 — Sainte Famille, Clytie, saint Stéphen-Stoned, etc. : 7 pièces, d'après Le Sueur, Carle Maratte, et l'Albane.

351. — Héloïse et Abeilard, Orphée et Euridice, Bacchus et Ariane, portraits et sujets, d'après Le Dominiquin, Angélica Kauffman, Péters, etc. : 40 pièces.

352. — Sainte Famille, circoncision, Vénus, l'amour et le satyre, Clytie, Didon, Lucrèce : 6 pièces, d'après Le Dominiquin, Le Guerchin, Annibal Carrache, etc.

353. BÉATRIZET (Par Nicolas). — La chute de Phaéton, d'après Michel Ange. On lit au milieu du bas de l'estampe : *Mich. Ang. inv.: N. Beatrizet. Lotar restituit;* et à gauche, *A. L. F.* : 1 pièce.

354. BELLA (Stéphano della). — Recueil de 719 pièces dessinées et gravées par Stephano della Bella, représentant des arabesques, paysages, sujets militaires, jeux de cartes, etc., et formant partie de l'œuvre de ce maître, 2 vol. in-folio.

355. — Etudes diverses, paysages, figures et animaux : 70 pièces.

356. BERGHEM (Par et d'après Nicolas). — Sujets et animaux, vaches, bœufs, chèvres, moutons, etc.: 69 pièces.

357. BERVIC (Par Clément). — L'enlèvement de Déjanire, d'après Le Guide; l'éducation d'Achille, d'après M. Regnault : 2 pièces; anciennes et belles épreuves, avec toutes marges.

358. BOLSWERT (Par). — Le Christ au roseau, d'a-

près Van Dyck ; épreuve de l'édition de Vanden-Enden, elle est avant les contretailles en bas du vêtement d'un nègre, placé derrière le soldat debout à la droite.

359. — Chasses au lion et au crocodile, d'après Rubens. Cette dernière gravée par W P Lecuy, ou Leeuw.

360. — Le serpent d'airain, d'après Rubens. Très-belle épreuve.

361. — Adoration des mages, sainte Famille, d'après Van Dyck, Mercure et Argus, Jupiter chez Philémon et Baucis : 4 pièces gravées par Bolswert et N. Lawvers.

362. — BONASONE (Par Jules). — Clélie traversant le Tibre, et ramenant à Rome ses compagnes qui étaient prisonnières dans le camp de Porsena, d'après Polidore du Caravage. On lit à la droite du bas de l'estampe : JV. BONASO IMITANDO PINSIT ET CELAVIT ; et un peu plus loin vers le milieu : ANT. LAFREBI SEQUANI FORMIS. Largeur, 16 pouces ; hauteur, 11 pouces.

363. — Moïse ordonnant aux Hébreux de ramasser la manne. Le peintre a pris la licence de représenter dans ce même sujet Moïse frappant le rocher, dont il fait sortir de l'eau. On lit vers la droite en bas : *F. Parmiseanino. J. ventor. Julio Bolognesi F.* 1546.

364. — La déesse Flore assise dans un jardin au milieu de plusieurs nymphes, la nativité de saint Jean-Baptiste, d'après Jacob Florentin ; 2 épr., élèvement d'Eaque, etc. : 5 pièces.

365. — Les pasteurs adorant l'Enfant-Jésus, couché dans la crèche. A la droite en bas, sur une tablette est

écrit J. Bonason F. Clélie traversant le Tibre , et ramenant à Rome ses compagnes qui étaient prisonnières
dans le camp de Porsena. Le lever du soleil ; ce dieu est
assis, accompagné du temps et des heures ; sur la terre
est un homme couché près d'une femme ; plus, Sainte-
Famille ; Christ mort, sainte Catherine, saint Jean, etc. ;
10 pièces.

366. — BOURDON (Par Sébastien). — Les sept œuvres de miséricorde, Saintes-Familles, sujets et paysages : 57 pièces dessinées et gravées par Sébastien
Bourdon.

367. BYE (Par Marc de). — Chèvres et boucs, vaches
et bœufs, lions, ours et léopards : 85 pièces, d'après
Paul Potter, etc.

368. CARAGLIO (Par Jacques). — L'enlèvement des
Sabines , d'après B. Bandinelli : composition d'un
grand nombre de figures nues. On remarque au milieu
une sabine assise sur un âne, à gauche deux autres sabines, dont chacune est accompagnée d'un enfant ; le
reste de la composition représente des hommes qui se
battent en avant d'un palais. On lit vers le milieu d'en
haut l'inscription suivante : *Raptus Sabinaro ;* et en bas à
gauche : *Romule militibus seisti dare conmoda tuis :* 1 pièce.

369. — L'annonciation, d'après Le Titien ; la bataille
au bouclier sur la lance, d'après Raphaël : 2 pièces.

270. DANCKER - DANCKERTS. — Paysage avec figures
et animaux : 24 pièces d'après M. Berghem.

371. DEBOISSIEU (Par Jean-Jacques). — Paysages,
vues diverses, portraits et études, dessinés et gravés d'a-

près différens maîtres; le plus grand nombre d'après
Nature : 54 pièces, 4 lots.

372. DENON (Par Vivant). — Paysages et animaux,
d'après Paul Potter, Vanden-Velde, etc. : 8 pièces.

373. DESNOYERS (Par M. Auguste). — La Vierge
dite la *belle jardinière*, d'après Raphaël; ancienne et belle
épreuve.

374. — François Ier. montrant à la reine de Navarre,
sa sœur, le distique qu'il vient de tracer sur un des vi-
treaux du château de Chambord, d'après Richard.

375. — La Vierge aux rochers, d'après Léonard de
Vinci : 3 exempl.; anciennes épreuves.

376. DIETRICH (Par Christian-Wilhelm-Ernest). —
L'œuvre de ce maître composé de 87 pièces imprimées
mées sur 58 feuilles. Dresde, la veuve Dietrick : 1 vol.
petit in-folio.

377. DORIGNY (Par Nicolas). — La Transfiguration,
d'après Raphaël, la descente de croix, d'après Daniel
de Volterre : 2 pièces ; anciennes épreuves.

378. — Sujets tirés des actes des apôtres, d'après des
cartons de Raphaël qui sont au palais d'Hamptoncourt :
7 pièces.

379. DREVET (Par Pierre). — La Présentation au
temple, d'après L. de Boulogne.

380. — Portrait de Samuel Bernard, d'après H. Ri-
gaut ; épreuve avant les mots : conseiller d'état.

381. — La Présentation au temple, d'après L. de

Boulogne; Christ sur la croix, d'après Le Guide ; circoncision, d'après Mignard : 4 pièces gravées par Drevet, Chereau et Scotin.

382. EARLOM (Par Richard). — Les fleurs et les fruits, d'après Van-Huysum; marchés aux légumes et aux Poissons, d'après Snyders : 4 estampes; les deux dernières sont avant la lettre.

383. — Présentation, portrait de Rembrandt, Jésus guérissant les aveugles, entrevue d'Auguste et de Cléopâtre : 9 pièces, d'après Rembrandt, Annibal Carrache, Rap. Mengs, et Gainsborough.

384. — Présentation au temple, Vierge dite *au Lapin,* intérieur d'une forge : 3 pièces, d'après Rembrandt, Le Corrège et Wright.

385. EDELINCK (Par Gérard). — La Sainte-Famille, d'après Raphaël, épreuves avec armes de Colbert ; elle est fixée sur carton.

386. — La même estampe, épreuve imprimée après les armes effacées; plus, la copie gravée par Frey : 2 pièces.

387 *. La tente de Darius, d'après Le Brun; ancienne épreuve.

387 *bis,* — Le portrait de Nathanael Dilgerus.

388.— Le Christ aux anges, d'après Le Brun : 2 pièces qui se réunissent.

389. FLIPART (Par Jean-Jacques). — L'accordée de village, le paralytique servi par ses enfans, le fils puni, etc. 5 pièces.

390. FORSTER (par M.) — La maîtresse du Titien ; la sommeil ; deux pièces d'après le Titien : cette dernière est gravée par Romanet.

391. GELÉE, dit le Lorrain, (par et d'après Claude.) — Enlévement d'Europe ; vue de mer par un gros temps ; deux épreuves ; voyageur assailli par deux voleurs ; danse de bergers, etc. ; 7 pièces.

392. GELÉE, (par M. FRANÇOIS.) — Daphnis et Chloé, d'après M. Hersent.

393. GESSNER (par Salomon.) — Idiles, paysages, scènes champêtres, etc. ; 54 pièces 2 lots.

394. GIRARDET (par.) — Fêtes à Bacchus et à Cérès ; deux pièces d'après N. Poussin.

395. GHISI (par Georges, Diane et Adam,) dits Mantuan. — Jésus-Christ renvoyant la femme adultère ; la visitation ; mariage de Ste-Catherine ; Marius à Minthurne ; Tarquin violant Lucrèce ; Sinon faisant une fausse confidence aux Troyens ; les grecs entrant dans Troye ; jugement de Paris ; mort de Procris ; Vénus et Vulcain ; la calomnie ; Angélique et Médor ; esclaves conduits dans un triomphe par des soldats Romains ; Vénus et Adonis ; les noces de Psyché ; divers plafonds d'après le Prinatice ; 29 pièces d'après Michel-Ange, Jules Romain, Perin del Vaga, F. Salviati, et J. B. Mantuan : 5 lots.

396. — Les angles de la chapelle Sixtine, peints par Michel - Ange ; suite de six estampes, représentant des prophètes et des sybiles : elles sont avec

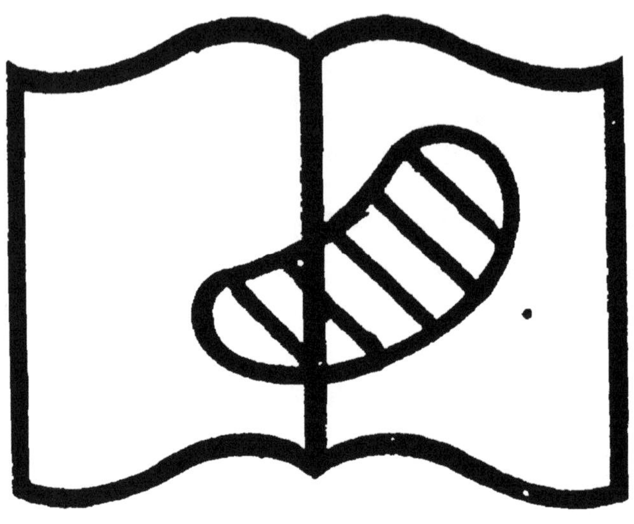

VALABLE POUR TOUT OU PARTIE DU
DOCUMENT REPRODUIT

l'adresse de Nic. Van Aelst Formis, Romœ, et la
marque de Ghisi.

397. — Figures dessinées d'après les peintures de
Michel-Ange, à la chapelle Sixtine; 72 pièces gravées
par Adam Mantuan.

398. GREEN (par Valentin.) — Assomption de la
Vierge, Jésus ressuscitant la fille de Jayre, Samuel
expliquant les jugemens de Dieu, adoration des bergers,
Agrippine pleurant sur les cendres de Germanicus;
6 pièces d'après Murillos, Wilson, Singleton, et Benj.
West.

399. — Adoration des bergers, Sainte Famille,
Jésus mis au tombeau, l'âge d'or, Creuse apparaissant
à Enée. 8 pièces d'après Murillos, Annibal Carrache,
Benj. West et Maria Cosway.

400. — Christ mis au tombeau, deux compositions :
le satyre et le voyageur, A. Winsters Tale, etc. ;
4 pièces d'après le Carrache, Jordaens, Benj. West
et J. Opie.

401. HOLLARD (par Wenceslas.) — Sujets, por-
traits, études d'animaux, scarabée, etc., d'après
Albert Durer, le Titien, Holbein, Jules Romain et
Vandick 66 pièces / 2 lots.

402. JODE (par Pierre de.) — L'adoration des bergers, St-Martin, d'après J. Jordaens.

403. KOLBE (par Guillaume.) — Paysages d'après
les tableaux et dessins de Salomon Gesner, 6 cahiers
contenant 24 pièces.

404. Kruger. (par.) — Agar répudiée, 2 épreuves ;
Moïse brisant les tables de la loi, 2 épreuves; Isaac donnant sa bénédiction, 2 épreuves ; Patriarches en méditation, 2 épreuves; Madeleine, ermite en dévotion,
portrait de Rembrandt, etc. ; 14 pièces d'après Rembrandt, Van Dick, Gérard Dow et Ferdinand Bol.

405. Laer (par Pierre de) — Différens sujets avec
animaux, 8 pièces : — 1 la dédicace au prince Ferdinand ; — 2. le paysan et les chevaux; — 3. le bouvier
et les bœufs ; — 4. la fileuse ; — 5. la dévideuse; —
6. le chasseur; — 7. le bouvier et les buffles ; — 8. les
mules ; plus, une suite de chevaux dans diverses atti-
tudes ; en tout : 20 pièces, six sont doubles.

406. Lairesse (par Gérard de.) — Sujets de l'ancien
et du nouveau Testament ; bas-relief, fleurons y culs de
lampes, etudes diverses, par et d'après G. de Lairesse :
216 pièces y 3 lots.

407. Lignon (par M. Frédéric.) — Madeleine d'après
le Guide, Ste-Cécile d'après le Dominiquin, 2 pièces.

408. — Atala d'après Gautherot : deux épreuves, une
à l'eau forte. Berger de Virgile d'après Boisselier, par
M. Dien : 2 estampes.

409. — Lonom (par M.) — Madeleine dans le désert, dite la Liseuse, d'après le Corrège.

410. Mantegna (par Andrea.) — Des éléphans
portant des torchères, des trophées d'armes, des vases
d'or et d'argent portés par des soldats, triomphe de Silène, Christ mis au tombeau, etc. : 7 pièces, 2 lots.

411. **Marc-Antoine.** — Le triomphe, ou le bas-relief de Marc-Aurèle, pièce connue en Italie sous le nom de Tito : elle représente le triomphe d'un empereur Romain ; on y voit presqu'au milieu le génie de la ville de Rome, sous la figure d'un jeune héros, qui foule à ses pieds des casques et des boucliers, et qui s'appuie de la main droite sur un captif, pendant que la pompe du triomphe s'avance, et qu'une femme, placée à la droite de l'estampe, prépare une couronne de laurier pour le vainqueur ; on croit généralement que cette pièce a été gravée d'après un dessin d'André Mantègne ; hauteur, 13 pouces, largeur, 18 pouces, 8 lignes.

412. — Offrande à Priape ; on voit au milieu, Silène appuyé sur les épaules de deux bacchans, il est vêtu d'une longue robe, et couronné de lierre. Ses pas sont dirigés vers le côté gauche, où l'on remarque un satyre derrière une satyresse qui est à genoux et penchée vers le terme de Sylvain, sur lequel elle s'appuye en poussant des cris. A droite, une autre satyresse est dans une attitude lascive devant le terme de Priape, aux cornes duquel elle s'attache de la main gauche. Cette estampe gravée d'après un bas-relief antique, est extrêmement rare, Largeur, 19 pouces, hauteur, 5 pouces, 4 lignes, (Voyez Bartsch. n. 2,8.)

413. — Alexandre faisant serrer les livres d'Homère dans un coffre de Darius, d'après Raphaël ; la partie centrale du Quos-ego, l'homme aux trompettes, l'homme et la femme aux boules, Iphigénie en Tauride ; cette dernière est gravée par Aug. Vénitien, 5 estampes.

414. — La grande carcasse, pièce gravée d'après le

dessin de Raphaël ou de Jules Romain; Scipion et Annibal à la tête de leurs armées, l'homme au drapeau, Saint-Pierre déclaré chef de l'église : ces deux derniers d'après Raphaël; 4 pièces.

415. — L'homme qui se chausse; satyre découvrant une nymphe ; Galathée s'éloignant de Polyphème ; Apollon du Belvedère, etc. : 5 pièces.

416. — Un satyre et un bouc qui se heurtent; Silène soutenu par deux satyres, et monté sur son âne ; satyre découvrant une nymphe; Vulcain, Vénus et les amours : ces 4 pièces gravées d'après des bas-reliefs antiques, par Marc-Antoine et Marc de Ravenne, sont avant les mots Ant., Sal.

417. — Hercule étouffant Anthée; dans le fond, à droite, on voit un temple en ruine ; à gauche, un bouquet d'arbres, contre lequel sont posées une massue et une peau de Lyon. Les Lapithes combattant contre les centaures, qui veulent enlever Hippodamie : pièces gravées par Eneas Vicus, 1542. Vers la droite, on lit Tom. Barl. exc., 2 pièces.

418. MAITRE INCONNU. — La mort surprenant une femme ; une femme, nue, debout, regardant son dos dans un miroir qu'elle tient de ses deux mains, en l'appuyant contre un pilier. On voit dans le fond à gauche, la mort qui arrive et semble appeler cette femme, en lui montrant une horloge de sable, qu'elle porte sur sa main droite : à la droite, en bas, on voit une tablette avec la lettre M. ; un peu plus bas encore, une banderolle avec cette inscription : *Mortalia facta peribunt.* (Bartsch, monogrammes, n° 29.)

419. MARGENAY DE GUUY (par.) — Sujets, paysages, portraits de personnages illustres, d'après Rembrandt, Van Dyck, Gérard Dow, le Poussin ; dans le nombre, se trouvent plusieurs pièces avant la lettre ; d'autres sur papier de Chine. 56 estampes, formant partie de l'œuvre de ce maître.

420. MASSARD (par Raphaël Urbain.) — Apollon et les muses, d'après Jules Romain.

421. MOREL (par Alexandre.) — Le serment des Horaces, d'après le tableau de David, ancienne épreuve.

422. MORGHEN. (Par Raphaël.) — Sainte famille, d'après André Del. Sarte ; la philosophie, la justice, d'après Raphaël : 6 pièces.

423. — La charité, d'après le Corrège ; sainte famille, d'après Rubens, deux épreuves ; saint Jean, d'après le Guide, deux épreuves; Loth et ses filles, d'après Barbieri : 7 estampes, 2 lots.

424. — La jurisprudence, d'après Raphaël, la fortune, d'après le Guide; Diane au bain, d'après l'Albane; ces deux dernières pièces, par C. Biondi et Rainaldi : 3 estampes.

425. — Apollon sur le Parnasse, d'après Raphaël Mengs; Diane chasseresse, d'après le Dominiquin; l'aurore, d'après le Guide : 3 estampes.

426. MULLER. (Par Frédéric.) — Saint Jean l'évangeliste, d'après Le Dominiquin, deux épreuves, avec la date de 1808; une, avec celle de 1812 : 3 lots.

427. NANTEUIL. (Par Robert.) — Les portraits du

Grand Condé, Louis Hesselin, Denis Talon, Pierre de Braux, Claude Tévenin, Charles d'Orléans, Voiture, le comte de Brienne, F. de Neshiond, Lefèvre d'Ormesson, Antoine Barillon; plus ceux de René Descartes et de François Tortebat, gravés par Edelinck. 21 pièces.

428. NAIWJNCX. (Par H.) — Différens paysages. 1°. La colline. — 2°. Le rocher. — 3°. La rivière près du bois. — 4°. La cascade. — 5°. Les trois arbres et le petit bois. — 6°. Le pont près des montagnes. — 7°. Le chemin près des rochers. — 8°. La rivière entre les rochers.

Deuxième suite. — 1°. Les deux grands arbres, — 2°. Les deux grands arbres près de la rivière. — 3°. Le rocher couvert de buissons. — 4°. Le sentier au bord de la rivière et du petit bois. — 5°. Le ruisseau au pied du rocher. — 6° Chûte d'eau. — 7°. Bois au bord de la rivière. — 8°. Les trois arbres près du rocher. 16 pièces.

429. NIQUET. (Par   ) — Madeleine dans le désert, d'après Le Corrège; les statues d'Apollon, Vénus de Médicis, Laocoon, etc. 10 pièces.

430. PICART. (Par Bernard.) — Études de lions, d'après différens maîtres. 68 pièces.

431. PONTIUS. (Par Paul.) — Thomiris faisant plonger la tête de Cyrus dans un bassin plein de sang humain, P. en L., d'après Rubens; *titre, satia te sanguine quem semper sitisti. Auc. Epr.*

432. PAVON. (Par Ignace.) — Sainte famille, d'a-

(48)

près Raphaël; Madeleine, d'après Bartholomeo Schidone. 2 pièces.

433. PESNE. (Par Jean). — Les sept sacrémens,
d'après Le Poussin, anciennes épreuves.

434. PITHER. — Portrait de Rembrandt; the lord
of the Vineyard paying his Labourers, d'après Rembrandt; paysages, d'après Nicolas Poussin, etc. 8
pièces, gravées en manière noire.

435. PIRANESI. (Par Jean-Baptiste et François.) —
Vases, candelabres, sarcofages, trépieds, lampes, et
ornemens, dessinés d'après l'antique, gravés et publiés
par les frères Piranesi; 101 pièces, au lieu de 112,
dont se composent ces deux volumes; manquent les
planches 13e et 106e.

436. — Vues des divers monumens de Rome. 60
pièces.

437. — Statues, dessinées à Rome, d'après l'antique.
50 Pièces.

438. PORPORATI. (Par   ). — Suzanne au bain,
d'après Santerre; jeune fille tenant un chien. 2
pièces.

439. — Le bain de Léda, d'après le Corrège.

440. PRADIER, (Par M.) — Psyché et l'Amour, d'a-
près le tableau de M. Gérard.

441. REMBRANDT, dit VAN RHIN. (par Paul.) — Descente de croix; mort de la Vierge; vendeurs chassés du
Temple; annonces aux bergers; portraits de Lutma et

autres; quarante-cinq pièces, par et d'après Rembrandt. Deux lots.

442. RIBERA, dit L'ESPAGNOLET. (Par Joseph.) — Saint Pierre pleurant son péché, deux épreuves; saint Jérôme occupé à lire; et saint Jérôme dans le désert. Quatre pièces.

443. RIDINGER. (Par J. E.) — Etudes d'animaux; chasses, etc. Trente-huit grandes et moyennes pièces.

444. Roos. (Par J. H.). — Diverses compositions et études d'animaux : Bœufs, chèvres, moutons, etc. Treize pièces.

445. ROSASPINA. (Par   .) — Le Christ descendu de la croix, d'après Le Corrège; épreuve avant la lettre.

446. ROULLET. (Par Jean-Louis.) — Le Christ mort, sur les genoux de la Vierge, d'après Annibal Carrache.

447. — La Vierge aux raisins, d'après Mignard, épreuve avant la lettre. (Pièce rare.)

448. SCHARP (par William,) — Les Docteurs de l'église, d'après le Guide.

449. SCHMIDT (par Georges-Frédéric) de Berlin. — La mère de Rembrandt; jeune homme, dit le jeune Seigneur; vieillard, dit le Patriarche Jacob; homme de moyen âge, etc.: 21 pièces.

450. STRANGE (par Robert.) — Charles premier, roi d'Angleterre, représenté en pied et en manteau royal, d'après Van Dyck.

451. — La toilette de Vénus ; jugement d'Hercule ; *imprimis venerare deos* ; 3 pièces d'après le Guide, le Poussin et B. Schidone.

452. — Madeleine dans le désert ; les enfans de Charles 1er, roi d'Angleterre ; 2 pièces d'après le Guide et A. Van Dyck.

453. — La libéralité et la modestie ; César répudie Pompéia ; Rémus et Romulus ; 3 pièces d'après le Guide et Pietre de Cortone.

454. — Abraham et Agar ; Ester et Assuérus ; Joseph et Putiphar ; Vénus bandant les yeux de l'amour ; 4 pièces d'après Le Titien, le Guide et le Guerchin.

455. — Vénus, Danaé ; 2 pièces d'après Le Titien, épreuves avec grandes marges.

456. — Vénus d'après Le Titien : cette seconde épreuve est avec toute sa marge.

457. — Abraham et Agar ; la douceur et la justice ; 3 pièces d'après Raphaël et le Guerchin.

458. — Cupidon, portraits de Raphaël ; de Sapho ; *Parmigiani amica* ; têtes de Vierge et 6 pièces d'après Raphaël, Carlo Dolci, le Parmesan et B. Schidone.

459. — Madeleine ; sommeil de Jésus ; silence de la Vierge ; *Te deum laudamus* ; autre Madeleine ; titre *miserere mei Deus* ; 5 pièces d'après le Guide.

460. — Sainte-Agnès, Madeleine, 2 pièces d'après le Guide.

461. — L'annonciation ; l'amour endormi ; 2 pièces d'après le Gnide.

462. — Saint-Gérôme, Madeleine dans le désert ; elle est représentée à mi-corps, dans un ovale; 2 pièces d'après le Corrège.

463. — Sainte-Cécile, Saint-Gérôme; 2 pièces d'après Raphaël et le Corrège.

464. — Mort de Didon ; Vénus et Adonis ; 2 pièces d'après Le Titien et le Guerchin.

465. — Madeleine ; Apollon couronnant le mérite ; sommeil de Cupidon etc. 6 pièces d'après le Guide et autres.

466. SWANEVELT (par Hermand Van.) — Vues du Colisée ; divers paysages avec figures et animaux ; quelques uns pour l'histoire de Vénus et d'Adonis; 29 pièces, 9 sont avec le mot *Excudit*, 1 seule est avant les mots: H. Swanevelt *fecit Romæ.*

467. TARDIEU (par M. Aléxandre.) — St.-Michel, d'après Raphaël , pièce gravée pour le grand musée.

468. VAN DYCK (par Antoine.) — Les portraits de J. de Momper, d'Erasme, de François Franck, d'Adam Van-Noort, de J. de Wael, gravés par Van Dyck; 24 autres d'après lui par Vosterman; Poutius , P. de Jode, etc., 31 pièces.

469. VOLPATO (par Jean.) — L'école d'Athènes d'après Raphaël.

470. — Sainte - Vierge, Christ mis au tombeau ; *mansuetudo, justitia* : 4 pièces d'après Raphaël et François Bartolomé; plus, deux paysages d'après Claude le Lorrain ; Apollon et Mercure, Céphale et Procris , six estampes.

471. Vischer (par Corneille.) portrait de Gellius de Bouma , ancienne épreuve.

472. — L'antiquaire, pièce en largeur; divers portraits d'après Le Titien et autres, 8 pièces.

473. — Marchand de mort aux rats ; les musiciens ambulans ; la fileuse ; bergère qui trait une chèvre; divers sujets, par C. et J. de Wischer, 21 pièces.

474. Ward (par James). — Christ descendu de la croix ; The first of september Morning ; The first of september Evening ; jeune garçon mettant le feu aux mauvaises herbes ; 4 pièces d'apr. Dietrich et Morland.

475. Waterloo (par Antoine). — Vues de villages, intérieurs de forêts et de bois ; moulins à eau ; paysages ornés d'épisodes, tirées de l'histoire sainte et de la fable ; 72 grandes et moyennes pièces : 2 lots.

476. Wrihotter. — L'œuvre de ce maître, composée de paysages et marines.

477. —Les douze mois de l'année , épreuves avant les ciels ; divers paysages et marines, 80 pièces : 2 lots.

478. Wille (par Jean Georges). — Les musiciens ambulans, d'après Dietrich ; très-belle épreuve, elle a été rognée et remontée en marge.

479. — La mort de Cléopâtre; la mort de Marc-

Antoine; la devideuse : 3 pièces d'après Gaspard Nelscher, Gérard Dow , etc.

480. WYENBROUCK (par Moïse.) — sujets, paysages et animaux : 16 pièces.

481. WOOLLETT (par William). — Niobé d'après Wilson , ancienne épreuve.

ESTAMPES GRAVÉES A L'EAU FORTE
ET AU BURIN,
PAR DIFFÉRENS MAITRES.

482. — La naissance de la Vierge, l'annonciation, Saintes familles ; la Cène dite aux pieds ; Saint-Pierre déclaré chef de l'église; portement de croix , descente de croix; divers sujets de l'ancien et du nouveau Testament; mort de Cléopatre; Scipion et Annibal; Portraits d'empereur et d'impératrice romains; ornemens, trophées, etc.; 590 pièces, d'après Raphaël, Michel-Ange, Jules Romain, Le Titien; Baccio Bandinelli, Perrin del Vaga et autres. Par Marc-Antoine, Augustin Vénitien, Bonasone, Silvestre de Ravennes et Mantuan , 17 lots.

483. CAMAYEUX, — Triomphe de César; histoire de Moïse ; Saintes familles, sujets sacrés et profanes ; paysages, etc., d'après Raphaël, Michel-Ange, Jules Romain, Le Titien, le Parmesan, Rubens et Van Dyck, gravés sur bois par Mantégne, Albert Durer, Andréanus, Ugo da Carpi Goltzius, Jackson, Lucas Cranack et autres; 766 pièces : 20 lots.

484. — Paysages avec figures, animaux divers, par J. Fyt, Bleker, V. Hecke, Wyngaerde, Zeeman, Vander-Cabel, Saft Leven, Mayering, Gaspons-Duché, Diétrick, Weirotter, etc., 180 pièces : 12 lots.

485. — Saintes familles; Christ sur la croix, Christ mort, saints et saintes, sujets sacrés et profanes ; paysages, etc.; 145 pièces d'après Rubens et Van Dyck ; par Bolswert, Pontius, Souteman et autres : 11 lots.

486. — Adam et Ève, Sainte-Famille ; adoration des bergers; Saint-Paul guérissant les malades, Saint Paul faisant brûler les livres, Sainte-Cécile; massacre des Innocens, enlèvement des Sabines ; la Joconde ; divers portraits et paysages, d'après Raphaël, le Poussin, Léonard de Vinci, le Guide Rembrandt, Lesueur, Claude le Lorrain et autres ; par Bartolozzi, Beisson, Girardet, Classens, Ingouf, U. Massard et Rosaspina ; 43 pièces de la collection du musée Robillard, 7 lots.

487. — Adoration du veau d'or, Saint-Georges combattant le dragon, l'embarcation de Sainte-Ursule; l'arc de Constantin ; chute d'eau ; chien d'arrêt ; divers paysages et marines, d'après Gaspard et Nicolas Poussin, Claude le Lorrain, le Dominiquin, Paul Bril, autres et Salvator Rosa; par W. Woollett, Vivarès, Byrne, J. Fittler Lerpimène, etc., 66 pièces : 10 lots.

488. — Sujets et paysages, d'après Raphaël, Michel-Ange, Jules le Romain, Claude le Lorrain, etc.; 20 pièces de la collection du musée Britannique ; elles sont gravées par Heath, Fittler, Middiman et autres.

489. — La vie de Saint-Bruno d'après Lesueur ;

peintures de la chapelle des Enfants-Trouvés, d'après
Natoire ; les 7 œuvres de miséricorde, par Sebastien
Bourdon ; nombre de pièces du cabinet du Roi, d'après
Raphaël, Jules Romain, Michel-Ange, le Corrège,
le Guide, Annibal Carrache, Paul Véronèse, le Pous-
sin, Le Brun, etc.; 737 pièces gravées par Rousselet,
Poilly, Boullet, Andran, Cunego, Chatelin, Piroli
et Avril, 21 lots.

490. — Ste-Famille, Vierge au berceau, Vierge
et Enfant-Jésus; la visitation; Saint-Louis etc.; 10 pièces
d'après Raphaël, le Poussin, Le Brun et Mignard, par
Edelinck, Poilly, Roullet, Larmessin et autres.

491. — Le Christ mort, d'après Annibal Carrache ;
le Christ descendu de la croix, d'après le Corrège ; la
Vierge au coussin vert, d'après André Solario ; 3 pièces
gravées par Roullet, Rosaspina et Meulemeester.

492. — Sainte Famille; Télémaque à la cour de
Sparte ; l'enfance; Astarté et Zadig ; Hébé , William
and Margarett ; divers portraits et sujets , d'après
Rembrandt, Carle Maratte , Wright, Peters, Reynolds, Eckout ; par Smith, Pether, Greenwood,
Watson; Dixon, etc., 171 pièces en manière noire,
7 lots.

493. — Sujets mythologiques et historiques, com-
positions de plafonds, peintures de chapelle etc., d'après
Le Titien, le Dominiquin, le Tintoret, Paul Véronèse,
Perin del Vaga, le Poussin, Rubens, Boulogne et
Jouvenet; 1094 pièces, gravées par V. Lefèvre, Ca-
merata, Preisler, Senter et Saemedan , 17 lots.

494. — Les vendeurs chassés du temple ; Jésus gué-

rissant les boiteux ; la pêche miraculeuse ; Jésus chez le Pharisien, etc. ; 6 pièces d'après J. Jouvenet, par J. Andran, L. Desplaces et G. Duchange.

495. — Sujets de familles, scènes champêtres, d'après Greuse, Wateau, Lancret ; Boucher, Leprince, Baudouin, Vien, Bouchardon et Parrocel, 986 pièces, 8 lots.

496. — Vénus à la coquille, 2 épreuves ; la plus belle des mères ; l'attente du plaisir ; Vénus liant les ailes de l'amour ; lecture espagnole ; la confidence ; la Sultane, etc. ; 43 pièces d'après Le Titien, Annibal Carrache, Van Dyck et autres ; par St-Aubin, Massard, Lempereur, Schultze et Beauvarlet, 2 lots.

497. Saintes-Familles, saints et saintes ; sujets sacrés et profanes, par et d'après le Guide, les Carraches, le Parmesan, F. Vanius, Faccini, Scapaccius, etc., 253 pièces, 6 lots.

498. — Pensées diverses ; études par et d'après Livens, Rembrandt, Bossi, Glume et autres, 65 pièces.

499. — Sujets, paysages et animaux, par Deboissieu, Van-Orley, Bargas et Della Bella, 55 pièces.

500. — Paysages avec figures et animaux, par et d'après Le Titien, Vander Cabel, A. Genoëls, Glauber et Van Bloemen, 24 pièces.

501. — Portraits d'Henri IV et Sully ; Charles 1er et sa famille ; P. P. Rubens, Helena Forman, sa femme ; Bossuet ; Janin ; Cl. Dubois ; Gerbier et sa famille ; Boileau ; le comte de Nasseau et sa famille ; Adrienne

Lecouvreur; madame Lebrun, etc.; 357 pièces, gravées d'après Le Titien, Rubens, Van Dyck, H. Rigaud, de Largillière, Detroy, Reynolds, Maria Coswai et Vanloo, par Edelinck, Drevet, Schmidt, Dewarcenay, Larmessin, Lombart et autres, 19 lots.

502. — Jeux d'enfans, sujets divers, d'après le Poussin, le Dominiquin, Van Dyck, Della Bella, S. Leclerc, Amiconi, F. Boucher et autres, 187 pièces, 2 lots.

503. — Paysages, marines et animaux, d'après Vander-Meulen, J. Vernet, Sebastien Bourdon et St-Non; 300 pièces gravées par Piranési Lebas, J. de Goüaz, etc.; 4 lots.

504. — Sujets, batailles, études d'animaux, d'après Wouvermans, Vander-Meulen, Benedette Castiglione. Par Moireau, Aliamet, Baumont, etc.; 36 pièces.

505. — Paysages et marines, composés par Marc Ricci, gravés par Giampicoli : 30 pièces.

506. — Sujets, paysages, marines et animaux; 95 pièces dessinées et gravées par Sandby.

507. — Adam et Eve; mort de Sénèque ; Pyrrhus à la cour du Roi Glaucias; Moïse sauvé; la femme adultère ; Pylade et Oreste; divers bas-reliefs et sujets, d'après le Carrache, Rubens, Van Dyck, Nicolas Poussin et autres. 68 pièces par Bartolozzi. Ravenet, Punt, Sharp et James Basire ; 4 lots.

508. — Le sommeil; la Vierge aux poissons, la vanité; la méditation ; 4 pièces d'après Le Titien, Ra-

phaël ; le Guido et Léonard de Vinci , par Romanet , Chatillon et Blot.

509. — Images des empereurs et impératrices Romains, 24 pièces, gravées par Sadeler.

510. — Baptême de Saint-Jean ; femme adultère , Calvaire , Moïse sauvé, serpent d'airain , adoration du veau d'or , évanouissement d'Esther , frappément du rocher, la passion en 13 pièces ; quelques-uns des grands paysages, nymphes endormies ; Coriolan, Pyrrhus, le temps qui enlève la vérité ; 185 pièces d'après le Poussin et Lesueur, gravées par G. Audran, Pesne, Chasteau, Poilly ; etc. , 6 lots.

511. — Sujets sacrés et profanes , portraits, vignettes , billets de bals, etc. , d'après le Giterchin, Zuccarelli, Cipriani, Reyholds et A. Kaussman, 436 pièces gravées par Bastolozzi et autres , 12 lots.

512. — Marines, paysages et animaux , d'après Berghem , Teniers, Vernet et Delacroix ; par Aliamet, Levasseur, Lévéau, Chenu, etc : 197 pièces, 6 lots.

513. — Monumens, paysages , marines, etc.; 100 pièces, dessinées et gravées par Perelle.

514. — La circoncision ; la Vierge et l'Enfant-Jésus; St-Martin ; la charité ; Pyrame et Thisbé ; bergers d'Arcadie ; continence de Scipion ; mort de Sénèque ; Jason ; enfance de Cyrus , etc. ; 34 pièces d'après le Guide, Salvator Rosa , N. Poussin, Van Dyck, Ph. Laufi et Jordens ; par Ravenet, Woollett, Chambers, Aliamet, et Boydel , 2 lots.

515. — Martyre de St-André ; la tente de Darius ;
Jupiter foudroyant les Titans; 3 pièces d'après le Guide,
Le Brun; par Volpato et Caroni.

516. — Vierge à la Chaise ; peintures antiques; Madeleine, Saint-Jean; la vigilance, etc. ; 69 pièces d'a-
près Raphaël, le Dominiquin, Louis Carrache ; Raphaël Mangs et autres ; par Cecchi, Cunego ; Pavon
et Correggini , 4 lots.

517. — Le Repos ; Paris et Hélène; vue du lac de
Trazimène ; temps orageux, etc. ; 7 pièces d'après
G. Poussin , David, Fragonard et Lépicié, par Bervic,
Mathieu , Vidal et autres.

518. — Le sommeil; la paix ramène l'abondance ;
le songe de Poliphile ; Athéniens et Athéniennes tirent
au sort; 7 pièces d'après Le Titien , madame Lebrun
et Peyron , par Romanet , Viel et Beisson.

519. — Saintes-Familles , compositions diverses ,
d'après Raphaël, Michel-Ange, Jules Romain, le Guide,
Paul Véronèse, Annibal Carrache, le Corrège , le Tintoret , le Parmesan, le Poussin et Lebrun , gravées
par Edelinck, Poilly , Bloemaert; Rousselet, Lefèvre,
Morin, Thomassin, et Cl. Mellan, Lombart , G. Chasteau , S. Bourdon et autres , 439 pièces, 7 lots.

520. — Saints et saintes, sujets de l'ancien et du
nouveau Testament, d'après le Dominiquin, Carlo Dolci , Romanelly, C. Ferrus, L. Cigoli, N. Poussin
et P. Mignard; 518 pièces gravées par Audran, Do-
rigni, Frey, Poilly, Mellan, Hutin , Kilian, Mariotus,
Chéron et Tauje : 9 lots.

521. — Saint-Gérôme d'après le Dominiquin ; Saintes
Familles ; diverses compositions ; histoire de l'Enfant
prodigue, etc. ; 76 pièces gravées par J. C. Pietre
Teste, 2 lots.

522. — Dessins divers, tirés de la collection Zanetti ;
sujets de l'ancien Testament ; paysages avec figures et
animaux ; 38 pièces gravées par Benedetto Castiglione
et d'après lui, par Bartolozzi et Zompini.

523. — Sujets, bas-reliefs, bustes et statues, d'après
Raphaël, Jules Romain et Polidor du Caravage ; 841
pièces gravées par Pietre Sancte-Bartoli, François Périer, Cl. Melan et autres ; 9 lots.

524. — Recueil des dessins de Raymont Lafage, représentant des sujets sacrés et profanes, gravés par les
plus habiles artistes du temps, 110 pièces.

525. — Paysages, sujets historiques de Diogène et
Alexandre Legrand ; 33 pièces gravées par Salvator Rosa.

526. — Les quatorze stations ; compositions pour
diverses chapelles et plafonds ; sujets de l'ancien et du
nouveau Testament ; 104 piè. gravées par J. B. Tiépolo.

527. — Divers animaux, moutons, chèvres, co-
chons, etc. ; 35 pièces par Karel Dujardin et autres.

528. — Têtes de Christ d'après le Guide ; Hersilie,
Sabine, Ecuyer, enfans, d'après le tableau de l'enlè-
vement des sabines, peint par David ; grouppe des trois
Horaces, *Id.* ; Corinne, d'après M. Gérard ; Atala,
d'après Girodet ; 8 pièces gravées par MM. Gérard,
Bertrand et Soinard.

529. — *Ecce Homo* d'après le Guido ; Atala, le père Aubri ; odalisque ; Mardochée, Mustapha, Ariane abandonnée, d'après Girodet ; Vénus, amour et Psyché, nymphes, d'après Canova ; 10 pièces lithographiées par MM. Aubry-Lecomte, Alberti, Dassy, Valmont, Thils et Hardiviller.

530. — Sujets, études de figures, paysage, fleurs, ornemens, animaux, etc ; 1973 pièces, gravées à l'eau forte, au pointillé, et dans le genre du crayon, par Lepautre, La Belle, Saint-Non et autres, 20 lots.

GALERIES, RECUEILS, et LIVRES
a FIGURES.

531. — La galerie du Luxembourg, peinte par Rubens, dessinée par les sieurs Nattier, et gravée par les plus illustres graveurs du temps ; dédiée au Roi. Paris, Duchange, 1710 ; un volume in-folio, relié en maroquin vert, aux armes de France, exemplaire de la plus grande beauté.

532. — Tableaux, statues, bas-reliefs et camées de la galerie de Florence et du palais Pitti, dessinés par Vicar, et gravés sous la direction de M. Lacombe. Paris, 1789 et années suivantes, quarante-huit livraisons. (Ex. de souscription.)

533. — Un second exemplaire : même condition que le précédent.

534. — Musée des antiques, dessiné et gravé par

P. Bouillon, peintre, avec des notes explicatives par M.... Paris, H. Nicolle, 1810, trente-une livraisons; savoir, les vingt-quatre premières cartonnées, en deux volumes; les autres en feuilles.

535. — Museo Capitolino, contenente imagini d'Uomini illustri da Giovanni Winkelmann. Rome, 1767; trois volumes petit in-folio, reliés.

536. — Galerie de Gerini, recueil de quarante-deux pièces, gravées d'après les tableaux des différens maîtres qui la composent; un volume in-folio cartonné.

537. — La grande galerie de Versailles et les deux salons qui l'Accompagnent, peints par Lebrun, et gravés par différens artistes. Paris, Imprimerie-Royale, 1752; un volume in-folio cartonné. Il manque à cet exemplaire le portrait de J.-B. Massé.

538. — Un volume, contenant deux cent soixante pièces des galeries de Florence du Palais-Royal, et de la collection des *Annales du Musée*, par Landon.

538 *bis*. Recueil de vingt-cinq dessins inédits du Parmesan, par Louis Inigo Bononiæ. Un volume in-folio.

539. — Galerie du Palais-Royal, gravée d'après les tableaux des différentes écoles qui la composent, avec un abrégé de la vie des peintres, et une description de chaque tableau; trente-huit liv. belles épreuves.

540. — Recueil d'estampes, gravées d'après les dessins des grands maîtres, qui faisaient partie de la collection de M. de Saint-Morys. Un volume in-folio. Quatre-vingt-onze pièces.

. Recueil de cinquante-deux pièces, gravées d'après Le Tintoret, Paul Véronèse et autres. Un volume in-folio, relié.

541. — La schola italica, ou peintures du cabinet d'Hamilton. Quarante pièces.

542. — Recueil de cent portraits, gravés par et d'après Antoine Van Dyck, Anvers, Gillis Hendricx; un volume petit in-folio, relié.

543. — Recueil d'estampes, d'après les plus beaux tableaux et dessins qui sont en France dans le cabinet du Roi, et dans celui de Ms^r le duc d'Orléans; tome premier, contenant l'école romaine. Paris, 1729; un volume in-folio, relié, quarante-huit planches, ouvrage connu sous le nom de Cabinet *Crozat*.

544. — Museum Florentinum exibens insigniora vetustatis monumentaque Florentiæ sunt, cum observationibus Antonii Francisci Gorii. Florence, 1734; un volume in-folio, relié.

545. — Recueil, contenant cent soixante pièces, d'après Raphaël, Jules Romain Le Titien et autres, gravés par Marc-Antoine Mantuan ; Piètre sante Bastoli, etc. On y remarque la suite des cartons de Raphaël, gravés d'après ceux de Dorigny, et publiés en Angleterre. Un volume grand in-folio.

546. — Galerie Justinienne, représentant les tableaux, statues, bustes et bas-reliefs, qui composaient la galerie de Vincentius Justinianus, gravés par C. Mellan, C. Bloëmaert et autres. Deux volumes in-folio, reliés en veau; trois cent vingt-trois planches.

547. — Galerie électorale de Dusseldorf, ou Catalogue raisonné et figuré de ses tableaux ; ouvrage composé dans un goût nouveau par Nicolas de Pigage ; Basle Chrétien de Mechel, 1778. Deux volumes in-folio oblong, cartonnés ; vingt-six planches.

548. — Recueil d'estampes, d'après les plus célèbres tableaux de la galerie royale de Dresde, contenant cent quatre pièces, y compris les deux portraits du roi, de la reine de Pologne, et les plans de la galerie royale. Dresde, 1753; deux volumes in-folio; le premier, cartonné; le second en feuille, bel exemplaire.

549. — Recueil des marbres antiques qui se trouvent dans la galerie du roi de Pologne, à Dresde. Dresde, 1733; un volume in-folio, relié, 230 planches.

550. — Recueil d'estampes, gravées d'après les tableaux du cabinet de M. le duc de Choiseul. Paris, Basan, 1771; in-4°, exempl. en feuille.

551. — Collection de cent vingt estampes, gravées d'après les tableaux et dessins qui composaient le cabinet de M. Poullain. Paris, Basan, 1781. Un volume petit in-folio, cartonné; bel exempl. non rogné.

552. — Description de la galerie de l'ermitage du palais impérial de Saint-Pétersbourg. Une, deux et trois livraisons, petit in-folio, brochées, figures au trait.

Sculpture del Museo Capitolino, par François Mori, Rome 1806, le tome Ier.

553. — Recueil de quatre-vingt-treize paysages et sujets, gravés, d'après différens maîtres, par C. Cam-

pion, de l'académie de Marseille, 1770, et années suivantes. Un vol. in-folio, relié.

Recueil de trente pièces, gravées à l'eau forte, par
Tiepolo père. Petit in-folio, cartonné.

554. — Œuvres de J. B. Le Prince, sur les mœurs,
les coutumes et les habillemens des différens peuples,
gravés à l'eau forte, et par le procédé qu'il a inventé
pour produire l'effet des dessins au lavis. Un volume
in-folio, contenant 132 pièces.

555. — Concours décennal, ou Collection gravée
des ouvrages de peinture, sculpture, architecture et
médailles, mentionnés dans le rapport de l'Institut de
France. Paris, Filhol et Bourdon, 1812; les sept premières livraisons, petit in-folio.

556. — Recueil de trois cents têtes et compositions,
gravées par le comte de Caylus, d'après les pierres antiques du cabinet du Roi. Paris, Basan; un vol. in-4°.

Etudes d'anatomie; par Ch. Monnet. Un volume in-
folio.

557. — Peintures du cabinet de Jules II au Vatican,
de l'invention de Raphaël, dessinées par Th. Piroli.
Paris, les frères Piranesi, 1804. Trois livraisons in-
folio, figures au trait.

Encyclopédie des dessins, par L. P. Debucourt;
quatre livraisons. Galerie de Rubens, dite du Luxembourg; Paris 1808, deux livraisons; en tout, neuf cahiers in-folio.

558. — Recueil de pièces, gravées à l'eau forte par
J. Diamanti et autres. Un vol. in-folio.

OEuvres diverses de P. Brebielle. Cent cinquante pièces, dessinées et gravées à l'eau forte. Paris, Quesnel, 1638. Un vol. in-folio, cartonné.

559. — Les peintures de Ch. Le Brun et d'E. Lesueur qui sont dans l'hôtel du président Lambert, dessinées et gravées par Bernard Picard et autres. Paris, Duchange, 1740. Un volume in-folio, cartonné.

Sujets et paysages, gravés par et d'après Séb. Bourdon. Deux volumes in-folio.

560. — Recueil d'estampes, gravées par M. le comte de Caylus, d'après les dessins du cabinet du Roi; premier volume. *Œdes Barberinæ ad quirinalem à comite Hieronymo Tetio*, Rome, 1647. Un volume in-folio, relié en vélin.

561. — La Frise de Jules Romain, gravée par A. B. Stella. Vingt-cinq pièces; un vol. in-folio oblong.

Explication des monumens singuliers qui ont rapport à la religion des anciens peuples. Paris, 1739; un volume in-4°, relié.

Recueil de statues, groupes, fontaines, etc., qui ornent les parc et château de Versailles. Un volume in-4°, relié.

Description de la grotte de Versailles. Paris, 1679; un volume in-folio, cartonné. Le char d'Apollon, gravé par Edelinp, manque à cet exemplaire.

562. — Les aventures de Télémaque, par Fénélon, gravées d'après les dessins de Monnet, par J. B. Tillard. Paris, 1773; douze livraisons.

563. — Villa Pamphilia ejusque Palatium cum suis prospectibus; Româ, Jacol i de Rubeis. Un volume in-folio, relié.

Académie des sciences et des arts, contenant les vies des hommes illustres, par Isaac Bullart. Bruxelles, 1695; deux volumes petit in-folio, reliés en veau.

564. — Les arabesques, stucs et voûtes, d'après Raphaël, par Volpato et Ottaviani; savoir : arabesques, 14 pièces; stucs, 12 pièces; voûtes, 13 pièces; plus les deux portes et la vue générale de la galerie; en tout, 44 pièces, contenues dans un porte-feuille.

565. — Museo pio Clementino, ou Récueil de statues, bustes et bas-reliefs, publiés à Rome par L. Mirri en 1784. Les tomes II et VI.

566. — La Farnésine, ou Histoire de Psyché, peinte par Raphaël, dans la galerie du palais Farnèse, et gravée par M. Dorigny; dans ce volume se trouvent différens plafonds, d'après Petrus Berettinus Cortonne, et quelques vues d'anciens monumens de Rome. Un volume in-folio, relié en veau.

567. — Les loges de Raphaël, gravées par Chaperon; 52 pièces; épreuves avant l'adresse de P. Mariette. Dans le même recueil se trouvent quelques-uns des plus beaux monumens de Rome, gravés par Pietro Ferrerio. Un volume in-folio oblong.

568. — La fable de Psyché, d'après Raphaël en 52 pièces, gravées par Marc-Antoine. Un volume petit in-folio oblong.

Les amours de Psyché et de Cupidon, par J. de la

Fontaine. Paris, Defer de Maison-Neuve, 1791 ; un volume petit in-folio.

569. — Les peintures de la chapelle Sextine, par Michel-Ange. Un vol. in-4°, contenant 73 planches, gravées par Adam Mantuan.

570. — Recueil, contenant 249 pièces, bas-reliefs, statues, etc., dessinées et gravées par Pietre Sante Bastoli, F. Périer et autres ; dans ce nombre se trouvent 79 pièces de l'Admiranda Romanorum, un vol. in-folio oblong.

571. — Le théâtre de peintures de David Teniers ; ouvrage connu sous le nom de Cabinet de l'archiduc Léopold. Bruxelles, 1658 ; un volume in-folio, contenant 122 planches.

572. — Recueil de 104 pièces, d'après Lesueur et Sébastien Bourdon, formant partie de l'œuvre de ce dernier, gravées par Audran et autres.

573. — Œuvre de François Chauveau, de l'Académie royale de peinture et de sculpture ; composé de 1490 pièces environ, représentant des sujets sacrés et profanes, vignettes, fleurons, culs de lampes etc. ; on y remarque la vie de saint Bruno. d'après E. Lesueur, et quantité de pièces gravées pour l'*Énéide de Virgile*, les *Fables de La Fontaine*, et pour beaucoup de livres de piété ; le tout contenu dans deux volumes in-folio, reliés.

574. — Un volume, contenant 96 pièces, d'après E. Lesueur, et formant partie de l'œuvre de ce maître ; gravées par G. B. Audran, Chauveau et autres.

575. — Recueil de 63 pièces, d'après N. Poussin, par Pesne, Gérard et Benoît Audran, etc. Un volume in-folio, cartonné.

576. — OEuvres du capitaine Baillie, 112 estampes, d'après les tableaux de Rembrandt, Salvator Rosa; le Dominiquin et autres. Dans ce recueil se trouve une pièce gravée par Rembrandt, représentant le miracle de Jésus guérissant les malades, et connue sous le nom de l'*Estampe de cent florins*; épreuve de la retouche du capitaine Baillie. Londres, Boydell; un volume in-folio, cartonné.

577. — Un volume in-folio, contenant 161 pièces, gravées par et d'après Guido Reni; représentant des saintes familles, sujets sacrés et profanes; formant partie de l'œuvre de ce maître.

578. — Recueil de 250 pièces, arabesques, vases et ornemens, gravées par différens maîtres, d'après Polidore, Stella et autres.

579. — Impostures innocentes, ou recueil d'estampes d'après Raphaël, le Guide, Carlo Maratti, Le Poussin et Rembrandt; gravées par Bernard Picart; Amsterdam, 1734. 1 vol. in-folio cartonné. Stampe descrizione del sacro monte della vernia, por Dominicus Falcinus. 1 vol. in-folio.

580. — Vie de saint Jean-Baptiste, peinte en 8 tableaux, par Andrea Sacchi, gravés par Pietro Leone Bombelli. Rome, 1769, 1 vol. in-folio cartonné.

Les travaux d'Ulysse, peints et gravés par Th. Van-Thuldon; Paris, Mariette, 1633, in-folio oblong.

581. — Recueil de 283 estampes gravées à l'eau forte, par les plus habiles peintres du temps, d'après les dessins des grands maîtres, que possédait autrefois M. Jabach, et qui depuis ont passé au cabinet du roi. Paris, Joullain, 1754, 1 vol. in-folio oblong, relié en veau.

582. — Dessins originaux des meilleurs peintres qui font partie de la galerie de Florence 79 pièces collées dans 1 vol. in-folio.

Signorum veterum Icones per D. Gerardum Reynst. Amsterdam, Nicolas Visscher, 1 vol. in-folio relié en vélin.

583. — Recueil d'estampes d'après les dessins de F. Barbieri, dit Guercino (qui n'ont pas encore été gravés) tirés de la collection du prince Albert de Pologne, etc., par A. Bartsch. Paris, Piranesi, 1808. 1 vol. in-folio cartonné.

584. — Titiani Vecelii, Pauli Caliari, Jacobi Robusti et Jacobi de Ponte opera selectiora, à Joanne Baptista Jackson anglo, ligno cœlata, et coloribus adumbrata, venetiis apud J. Baptistum Pasquali, 1745, 1 volume in-folio.

585. — Recueil d'estampes d'après les originaux qui se trouvent à la bibliothèque I. et R. de Vienne, gravées par Adam Bartsch, 6 cahiers, d'après Rembrandt et autres.

586. — Recueil de 120 pièces gravées à l'eau forte, par Bartolozzi, d'après les dessins du Guerchin, 1 vol. in-folio.

587. — A select collection of Drawings from curious

antique gems, etched after the Manner of Rembrandt. By Th. Worlidge. Londres, 1768, 2 vol. in-4°., reliés en maroquin rouge, tranches dorées, filets. Magnifique exemplaire.

588. — Varii disegni del Parmigianino tratti dalla recolta Zanettiani. Venise, 1786, 1 vol. in-folio, cartonné, 15 planches.

Recueil de dessins gravés d'après les plus fameux maîtres, et tirés de la collection de l'académie électorale de Dusseldorf, deux cahiers contenant 160 planches.

589. — Recueil de quelques dessins du Guerchin, gravés par Bartolozzi, Ottaviani, etc., publié à Rôme par les frères Piranesi, 1 vol. in-folio, cartonné.

Recueil de dessins originaux du Parmesan, tirés du cabinet du comte de Sanvitale. Parme, 1772, 1 vol. petit in-folio broché.

590. — Dessins gravés d'après Cipriani, par Bartolozzi, une livraison composée de 6 planches.

Collection of prints now engravings by subcription ofter G. B. Cipriani, by R. Earlom. Londres, Boydell, 1786, 2 cahiers.

591. — Recueil de 30 gravures exécutées d'après les dessins originaux de Jules Romain, Michel-Ange, etc., recueillis par le Ch. Luti, gravés par Bartolozzi et Zochi. Londres, 1765. Dans ce vol. se trouvent 30 pièces d'après le Guerchin et Cipriani, gravées par Bartolozzi.

592. — Recueil de dessins gravés d'après les meil-

leurs maîtres d'Italie, de France, d'Allemagne et des Pays-Bas, dont les originaux font partie des cabinets Basan père, et de ceux de divers amateurs d'Amsterdam. Paris, Basan, 1788, 2 vol. in-folio cartonnés.

593. — A collection of fefty etchings, ofter Raphaël, Julio Romano, Guido, Parmigiano, etc. Executed by Huck, Selcke, and Billinger, ofter the original Drawings in the collection of the elector palatine of Dusseldorf. Londres, Boydell, 1787, 1 vol. in-folio cartonné. Un second exemplaire en feuilles.

594. — Dessins des meilleurs peintres d'Italie, d'Allemagne et des Pays-Bas. Du cabinet de M. Paul de Praun à Nuremberg; gravés par J. Th. Prestel, en 1776, 48 pièces en feuilles.

595. — Recueils de dessins du Parmésan et autres maîtres, tirés des cabinets du comte de Bruhl et Zanetti, gravés par Faldoni et Math. Oesterreich : 52 pièces.

Dessins des meilleurs peintres des Pays-Bas, d'Allemagne et d'Italie; du cabinet de M. G. J. Schmidt, gravés par J. Th. Prestel, en 1779 : 30 pièces.

596. — Racolta di cento pensieri diversi di Anton. Domenico Gabiani, Pittor Fiorentino, fatti intagliare in rame da J. E. Hugford, Firenze Mouckiana, 1762, 1 vol in-folio cartonné.

597. — Liber veritatis, ou recueil de 200 paysages gravés par Richard Earlom, d'après les originaux qui font partie de la collection du duc de Devonshire. Londres, J. Boydell, 1774 et années suivantes; 10 livraisons, épreuves avant la lettre, les noms tracés à la pointe.

598. — Œuvre de Weirotter, peintre allemand, contenant plus de 200 paysages dessinés d'après nature tânt en France qu'en Italie. Paris, Basan et Poignant, 1 vol. petit in-folio, relié en veau. Bel exemplaire.

599. — Recueil de 96 paysages et sujets gravés par V. Wtembrouck, Hollard, Gondt, etc. 1 vol. petit in-folio.

600. — Recueil de vues et fabriques pittoresques de l'Italie, dessinées d'après nature par C. Bourgeois. Paris, l'auteur; les 13 premières livraisons in-folio.

601. — Recueil de 100 paysages et sujets, composés et gravés à l'eau forte par Sandby, peintre anglais. Plus 4 paysages, vues du château de Stanton-Harcourt, gravés par Newnham en 1763. 1 vol. in-folio cartonné.

602. — Recueil de 150 paysages et marines, dessinés et gravés par Perelle. Paris, Basan, 1 vol. in-folio cartonné.

603. — Le Jupiter Olympien, ou l'art de la sculpture antique considéré sous un nouveau point de vue; ouvrage qui comprend un essai sur le goût de la sculpture polycrome et l'histoire de la statuaire en or et en ivoire chez les Grecs et les Romains, par M. Quatremère de Quincy, membre de l'Institut. Paris, De Bure frères, 1815. 1 vol. petit in-folio cartonné; les figures gravées au trait sont pour la plupart lavées avec beaucoup de soin.

604. — L'antiquité expliquée et représentée en figures, par Dom Bernard de Monfaucon, 5 vol.; supplément du même ouvrage, 5 vol., en tout 10 vol. in-folio rel. in-4°.

605. — Collection des plns beaux ouvrages de l'antiquité, gravés par Willemin, 35 cahiers in-folio et in-4°;
figures imprimées à l'imitation des étrusques.

606. — Monumens français inédits, pour servir à
l'histoire des arts, des costumes civils et militaires, etc.,
rédigés, dessinés, gravés et coloriés par N. X. Willemin. 43 livraisons in-folio; il manque la 31ᵉ.

607. — Choix de costumes civils et militaires des
peuples de l'antiquité, dessinés, gravés et expliqués par
N. X. Willemin. Paris, 1798 et années suivantes;
30 livraisons.

608. — Le même ouvrage (manquant les liv. 1, 2.).

609. — Antiquités étrusques, grecques et romaines,
tirées du cabinet de M. le Ch. Hamilton; ouvrage divisé en 8 parties, et dédié à S. M. Georges III, roi de
la Grande-Bretagne. Naples, 1766. 4 vol. in-folio reliés.

610. — Sujets de vases grecs, choisis dans la collection du Ch. Hamilton et autres; 72 planches publiées
en 12 livraisons.

611. — Les ruines des plus beaux monumens de la
Grèce, par Le Roy; ouvrage divisé en 2 parties. Paris,
Guérin et Delatour, 1758. 1 vol in-folio relié en
veau.

612. — Ruins of athens measured and delineated by
James Stuart, F. R. S. and F. S. A. and Nicholas Re-
velt, painters and architects. Londres, Nichols; 1787,
2 vol. in-folio cartonnés.

613. — Les bains des Romains, publiés par Charles

Cameron, architecte en 1792. 1 vol. in-folio cartonné;
75 planches.

614. — Collection de peintures antiques, qui ornaient
les palais, thermes, mausolées, chambres sépulcrales,
des empereurs Tite, Trajan, Adrien et Constantin,
gravées en 33 planches à l'imitation des dessins rehaus-
sés. Rome, Bouchard et Gravier, 1781. 1 vol. in-folio.

615. — Recueil d'estampes d'après les tableaux des
peintres les plus célèbres d'Italie, de France et des
Pays-Bas, qui faisaient partie du cabinet de Boyer
d'Aguilles, gravés par J. Coëlemans d'Anvers. Paris,
Mariette, 1744. 1 vol. in-folio relié.

616. — Description des bains de Titus et de Livie,
ou collection de peintures trouvées dans les ruines des
Thermes de cet empereur, gravées sous la direction de
M. Ponce. Paris, l'auteur, 1786. 1 volume in-folio cartonné.

Plus, les deux premières livraisons du même ouvrage.

617. — Le pitture antiche d'Ercolano e contorni, incise con qualche spiegazione. Naples, 1662 et années
suivantes. 8 vol. in-folio, savoir : peintures antiques,
5 vol.; bronzes, 2 vol.; catalogue, 1 vol.; 6 de ces volumes sont reliés en maroquin rouge, tranches dorées,
filets; les deux autres sont cartonnés.

618. — Picturæ antiquæ cryptarum Romanorum et
sepulcri nasonum, dessinées et gravées par Pietre Sante
Bartoli, avec les descriptions par Jean Parni Bellori, etc.
Romæ, Antonii de Rubeis, 1750. 1 vol. in-folio cartonné.

619. — Gli ornati delle pareti ed i pavimente delle stanze dell' antica Pompei incise in rame, première partie brochée et seconde cartonnée : 97 pièces; ouvrage connu sous le nom de *peintures et mosaïques de Pompei.*

620. — Recueil de peintures antiques trouvées à Rome, imitées fidèlement pour les couleurs et le trait d'après les dessins originaux coloriés par Pietre Sante Bartoli et autres dessinateurs. Paris, Molini et Lami, 1783. 2 vol. Le premier en feuilles et le second cartonné; on a joint à cet article le premier volume du même ouvrage, figures coloriées.

621. — A treatise on Ancient Painting containing observations on the rise, et progress, and decline of that art amongst the Greeks and romans, by G. Turnbull. Londres, A Millar, 1740. 1 vol. in-folio relié en veau.

622. — Musei Guarnaccii antiqua monumenta etrusca exuta e Volaterranis hypogæis observationibus Ant. Francisci Gorii. Florence, 1744. 1 volume petit in-folio relié en veau.

Le grand cabinet romain, ou recueil d'antiquités romaines. Amsterdam, F. Lhonnone, 1706. 1 vol. petit in-folio relié.

623. — Cabinet des beaux-arts, avec l'explication des tableaux. 1690, petit in-folio oblong.

Recueil d'antiquités romaines, ou voyage d'Italie; composé de 66 planches. Paris, Basan, 1 vol. petit in-folio cartonné. Un volume contenant 61 pièces dessinées et gravées par Watelet, petit in-folio cartonné.

624. — Statues antiques du cabinet de Bisschoff. 1 vol. in-4°. relié en vélin.

Statues et monumens de Rome par Cavaleris. 1 vol. in-4° relié.

625. — Antiquités du cabinet de M. le comte de Thoms. 1745. 1 vol. in-folio relié.

626. — Museum etruscum exibens insigna veterum et etruscorum monumenta, edita et illustrata observationibus Antonii Francisci Gorii, publici J. B. Passeri. Florence, 1755. 3 vol. in-folio reliés en veau.

627. — Delle antiche statue greche et romane che nell' antisala della libreria di san Marco, et in altri luoghi publici de Venezia. Venise, 1740. 1 vol. in-folio relié en maroquin rouge, tranches dorées, filets.

628. — Recueil d'antiquités égyptiennes, étrusques, grecques et romaines, Paris, Duchesne, 1756. 7 vol. in-4°. reliés en veau, tranches dorées.

629. — Museum Veronense hoc est antiquarum inscriptionum atque anglyphorum. Veronæ, 1749; 1 vol. in-folio, relié.

Le tome 3e des statues du Museo Capitolino. 1 vol. in-folio, cartonné, 91 planches.

630. — Museum Cortonense, in quo vetera monumenta distributum atque à Francisco Valesia romano, Antonio-Francisco Gorio Florentino, et Rodolphino Venuti Cortonense. Roma, 1750. Un vol. petit in-folio, relié

331. — Museum Odescalcum, sive thesaurus anti-

quarum gemmarum, à Pietro Sante Bartolo. Rome, 1747; 2 vol. petit in-folio, reliés.

632. — Romànum Museum, sive thesaurus eruditæ antiquitatis, à M. A. de la Chaussée. Rome 1707. Un volume petit in-folio, relié.

Antiquæ urbis splendor, opera Jacobi Lauri romani. Romæ, 1612. 1 vol in-4° oblong.

633. — Dactyliotheca Smithiana, gemmarum Ectypa et Antonii-Francisci Gorii. Venise, 1767. 2 vol. petit in-folio, reliés.

634. — Jcones imperatorum romanorum, Hubertum Goltzium. Anvers, 1645; un vol. petit in-folio, relié.

635. — Romanæ et græcæ antiquitatis monumenta, per Hubertum Goltzium. Anvers, Moretti, 1645; un vol. petit in-folio, relié.

Mumismata Claudi Juli Cæsaris. Un vol. petit in-folio, relié.

636. — Sicilia et magna Græcia, sive historiæ urbium et populorum Græciæ ex antiquis numismatibus, Huberto Goltzio. Anvers, 1644; petit in-folio, relié.

Græciæ ejusque insularum et Asiæ minoris numismata, ab Huberto Goltzio. Anvers, 1644; petit in-folio, relié.

637. — Le gemme antiche di Antonio Maria Zanetti de Girolamo. Illustratæ colle annotazioni latine di Antonio Francisco Gorii. Venise, 1750. 1 vol. petit in-folio, relié.

Numismata ærea selectiorúm maximi moduli ex Museo Pisano olim Cornario. Venise, J. B. Albritium. Un vol. in-folio, relié.

638. — Augustarum imagines æreis formis expressæ, ab Eneas Vico Parmense. Venise, 1558. 1 vol. petit in-4°, relié.

Omnium Cæsarum verissimæ imagines, ab Eneas Vico Parmense, en 1553. 1 vol petit in-4°, relié.

639. — Pierres gravées du cabinet de Wilde, Amsterdam, 1703. 1 vol. in-4°.

Livre de têtes antiques, d'après les pierres gravées de Mlle Chéron. Un cahier in-4°.

Pierres antiques du cabinet de Gravelle. 1 vol. in-4°, cartonné.

640. — Médailles du règne de Louis XIV, avec des explications historiques. Paris, Imprimerie Royale, 1702. 1 vol. in-folio, relié en maroquin rouge aux armes de France.

641. — Description des principales pierres gravées du cabinet de S. A. R. Mgr le duc d'Orléans. Paris, 1780. 2 vol. petit in-folio, reliés en maroquin vert, tranches dorées, filets.

642. — Un second exemplaire, cartonné.

643. — Choix de pierres gravées du cabinet impérial des antiques, représenté en 40 planches, décrites et expliquées par M. l'abbé Eckhel, professeur d'antiquités à Vienne. Vienne, 1788. Un volume in-folio, en feuilles.

(80)

Pierres antiques gravées de la galerie de S. A. R. Monseigneur le duc de Lorraine et de Bar, grand duc de Toscane. 2 et 3 vol. in-folio, reliés.

644. — Le gemme antiche figurate di Michel Angelo Causeo de la Chaussée, par Pietre Sante Bastoli. Paris, 1700. 1 vol. in-4°, relié.

Francisci Fuorinii gemmæ antiquæ rariores accesserunt monumenta, à Nicolao Galeotti. Rome, 1757. Un vol. in-4°, relié.

645. — Traité de la méthode antique de graver en pierres fines, comparée avec la méthode moderne, par Laurent Natter. Londres, J. Habercorn, 1754. 1 vol. petit in-folio, relié.

Recueil de pierres gravées antiques. Paris, Mariette, 1732. 2 vol. in-4°, cartonnés.

646. — Pierres gravées du cabinet d'Orléans. 90 pièces environ, plus 65 vignettes et culs de lampes, gravées par Chossard ; en tout, 230 pièces, contenues dans un porte-feuille.

647. — Osservazioni istoriche sopra alcuni medaglioni antichi. Rome, 1698. 1 vol. in-4°, relié.

Recueil de médailles des rois, qui n'ont point encore été publiées, ou qui sont peu connues. Paris, Guerin et Delatour, 1762. 1 vol. in-4°, cartonné.

Selecta numismata antiqua, ex Museo Petri Seguini. Lutetiæ Parisiorum, Joh Jombert, 1684. 1 vol. in-4°, cartonné. Discorso di M. Sebastiani Erizzo sopra le medaglii de gli antichi. 1 vol. in-4°; en tout, 5 volumes.

648. — Les sépulcres antiques des Romains et des Etrusques, trouvés à Rome et en divers autres lieux célèbres, dessinés et gravés par Pietre Sante Bartoli. Rome, 1727; un. volume petit in-folio. Les lampes antiques, dessinées et gravées par Pietre Sante Bartoli; Cologne, 1702. Un vol. petit in-folio.

649. — Figures antiques des cabinets Picolini et autres, par Pietre Sante Bartoli; un volume. Pierres antiques, sur lesquelles les graveurs ont mis leurs noms; exécutées d'après les originaux ou empreintes, par Bernard, Picard. Amsterdam, 1724; un vol. in-folio.

650. — Traité de pierres gravées, par P. Mariette; trois volumes; pierres gravées du cabinet du Roi, par le même, un volume; en tout, 4 vol. petit in-folio

651. — Recueil de pierres antiques gravées, concernant l'histoire, la mythologie, la fable, etc., avec les descriptions de M. l'abbé Raponi; Rome, 1786, un volume. Recueil de 680 pierres gravées, de 216 bagues grecques, romaines, etc., tirées du cabinet de Gorlée et autres, 2 vol. petit in-folio; autre recueil de 66 pierres gravées du cabinet Zanetti; un vol. in-folio.

652. — Description des pierres gravées du baron de Stoch, par Winkelman; Florence, 1760, in-4°, relié. *Le gemme antiche figurati di Leonardo agostini Senese;* Rome, 1657; 2 vol. in-4°.

653. — *Historiæ summorum pontificum a Martino V ad Innocentium XI. Lutetiæ,* 1679; un volume in-folio. Les images des douze Césars, avec les annotations de

6

J. P. Bellori; Rome, 1730. Un volume petit in-folio.
Familiæ romanæ in antiquis numismatibus ad tempora divi Augusti. Parisis, 1663 ; un vol. in-folio.

654. — Antiquités de la France, par M. Clérisseau, architecte. Paris, imprimerie de Denis Pierre, 1768 ; un volume in-folio, cartonné,

655. — Collection des vases grecs de M. le comte de Lamberg, expliqués et publiés par Alex. de Laborde. Paris, Nicolle, 1813, deux livraisons ; siècles de la monarchie française; Paris, Firmin Didot, 1823 ; deux livraisons, figures lithographiées,

Monumens et tombeaux d'Italie, par P. Clochar. Première livraison; en tout, cinq cahiers in-folio.

656. — Les monumens antiques de Rome, par Overbeke et Amiconi; Londres 1739. Un vol. in-folio, 109 planches, sans texte.

657. — Les plus beaux monumens antiques de Rome, par Barbault. Rome 1761 ; un vol. in-folio, cartonné,

658. — Recueil de divers monumens anciens, répandus en plusieurs endroits de l'Italie; Levés et dessinés par Barbault. Rome, 1771 ; un volume in-folio, relié.

659. — Deux volumes de l'œuvre de Piranesi, contenant le Champ-de-Mars, les vues du lac d'Albano, de la fontaine de l'Eau-Julie, etc.

660. — Les fontaines des palais et jardins de Rome, dessinées et gravées par François Venturini; quatre

parties en deux volumes. Les portes et murs de Rome, dessinés et gravés par Vasi; Rome, 1747; un volume.

661. — La colonne Trajanne, par Alph. Ciacono; Rome, 1616; un vol. in-folio.

Tableaux de Venise; un volume, contenant différens sujets de l'Histoire sainte; Venise, 1739.

662. — Les antiquités d'Herculanum, gravées par Thomas Piroli. Paris, les frères Piranesi, 1804; six volumes in-4°, brochés.

663. — Œuvres de Flaxman, sculpteur anglais. Paris, Nitot Dufresne; trois cahiers in-folio, oblong.

664. — Album lithographique de 1817. 20 pièces, par différens artistes; publié par Delpech.

665. — Recueil de fontaines, par F. Boucher; collection de statues antiques; recueil de portraits, vignettes, fleurons, culs de lampes, composés et gravés par Watelet. 3 vol. in-4°.

666. — Monumens de sculpture anciens et modernes, publiés par Vautier et Lacour; trois livraisons. Maisons de ville et de campagne, mesurées en Italie, par Scheult; trois livraisons. Etudes d'arbres, par Desiennes, une livraison; en tout, sept cahiers in-folio.

667. — Suite d'études calquées et dessinées, d'après cinq tableaux de Raphaël, accompagnées de cinq gravures de ces tableaux, et de notices historiques, etc. Paris, Bonnemaison, 1818; sept livraisons in-folio, la sixième est double.

668. — Recueil de têtes d'études, tirées du tableau

de l'entrée de Henri IV dans Paris, peint par F. Gérard, et gravées par F^s. Girard ; première et deuxième livraisons in-folio.

669. — *Principi del disegno tratti dalle più eccellenti statue antiche*, gravées et publiées par Jean Volpato. Rome, 1787 ; un vol. in-folio, cartonné.

670. — Recueil de cinquante- deux têtes, dessinées d'après le tableau de l'école d'Athènes, peint par Raphaël, gravées par D. Cunego. Rome, 1785 ; un volume in-folio.

671. — Recueil de têtes choisies de personnages illustres dans les lettres et les armes, exactement dessinées de la grandeur des originaux, par Paul Fidauza, peintre romain, d'après les peintures de Raphaël, d'Urbin et autres grands maîtres, existantes au Vatican, à Rome, ouvrage contenant 180 planches. Rome, Bomard et Gravier, 1785 ; deux vol. in-folio, brochés.

672. — Traité de la peinture, par Léonard de Vinci. Paris, Langlois, 1651 ; un vol. in-folio, relié.

Les principes du dessin, par Gérard de Lairesse. Amsterdam, 1746 ; un vol. in-folio, relié.

OEuvres diverses d'Abraham Bloëmaert. Un volume petit in-folio, cartonné.

673. — Le grand livre des peintres, ou l'art de la peinture, par Gérard de Lairesse. Paris, 1787 ; 2 vol. in-4°, reliés.

674. — Etudes de têtes, d'après la sainte famille de Raphaël, par P. Bouillon ; un cahier in-folio, six têtes

Collection de têtes d'expression, représentant les différentes passions de l'âme, dessinées par Lemire, et gravées par Tessaert. Quatre livraisons.

Recueil de têtes et de figures, choisies dans les plus beaux tableaux de Nicolas Poussin, gravées à l'imitation du crayon. 27 planches.

675. — Principes de la beauté, considérée relativement à la tête humaine, par Alexandre Cozens. Londres, 1778; 1 vol. in folio, 17 planches au trait.

676. — Etudes de paysages, dessinées et gravées par V. Pillement fils. Paris, l'auteur, 1811; neuf livraisons in-folio; la troisième est double.

677. — Recueil de paysages, enrichis de figures et d'animaux, gravés dans le genre du crayon, par J. Couché. Paris, Vautier, 1802; 22 cahiers in-folio.

678. — Anatomie de l'homme, ou description et figures lithographiées de toutes les parties du corps humain, par Jules Cloquet. Paris, le comte de Lasteyrie, 1824, et années suivantes; 19 livraisons in-folio.

679. — Cours d'architecture, enseignée dans l'Académie royale, par François Blondel. Paris, l'auteur 1698; 2 vol. in-folio, reliés.

680. — Règles des cinq ordres d'architecture de Vignole, par Delagardette. Paris, Cheneau, 1786 in-4°, broché.

Les plans et statues du jardin royal de Boboli, par G. Vascellini; un vol. in-4°, relié en vélin.

681. — Traité des manières de dessiner les ordres

de l'architecture antique, par Bosse: Paris, l'auteur, 1764; un volume in-folio, relié.

Parallèle de l'architecture antique et de la moderne, par Chambray. Paris, Jombert; un volume in-folio, relié.

682. — Architecture, peinture et sculpture de la maison de ville d'Amsterdam, représentés en 109 planches; Amsterdam, Gérard Valk, 1719, 1 ol. in-folio, relié en veau.

683. — Architecture de Le Pautre, dessinateur des bâtimens du Roi : Paris, Jombert, 1751, 3 vol. petit in-folio reliés.

Traité d'architecture par Sébastien Leclerc, Paris, Gissant, 1714, 2 vol , in-4°., reliés en veau.

684. — Fragmens et ornemens d'architecture, dessinés à Rome, d'après l'antique, par Moreau, 36 planches.

685. — Recueil de décorations intérieures, comprenant tout ce qui a rapport à l'ameublement, par MM. Percier et Fontaine, 7 premières livraisons. — Nouveau recueil d'arabesques, meubles, etc., par Ch. Normand, les 9 premières livraisons.

L'orestéide, ou description de deux bas-reliefs du palais Grimani à Venise, 1 cahier in-4°., figure au trait; en tout, 17 cahiers.

686. — Traité du beau essentiel dans les arts, appliqué à l'architecture par le sieur Briseux, Paris, l'auteur, 1752, 2 vol. petit in-folio, reliés.

687. — La perspective des peintres et architectes,

par André Pozzo ; Rome ; 1717 , 1 vol. in-folio, reliés , en vélin.

688. — La perspective pratique ; par Louis Bretez , Paris, Mariette ; 1746 , 1 vol. in-folio , cartonné.

La perspective avec la raison des ombres et miroirs , par Salomon de Caus, Londres, 1612 , 1 vol. in-folio, relié, en vélin.

689. — Traité de perspective par le R. P. Lamy , 1701 , 1 vol. in-12, relié.

La perspective pratique, nécessaire aux peintres et architectes, par un Religieux, 2 vol. in-4°. ; reliés.

Perspective universelle de M. Désargues , 1 volume in-4° , relié.

Traité de géométrie par S. Leclerc , 1764, 1 vol. in-8°. , relié.

690. — La perspective spéculative et pratique, par le sieur Aleaume , Paris , 1643 , 1 vol. in-4°., relié.

Abrégé de la perspective, par le sieur de Vaulezard, Paris, 1631 , 1 vol. in-12.

La perspective théorique et pratique ; par M. Ozanam, Paris , 1720, 1 vol. in-8°. , relié.

Nouveau livre d'architecture, par J. B. Vignole, Paris, Daumont, 1 vol. in-folio, broché.

691. — Traité d'anatomie et de physiologie, par Vicq d'Azir ; les 5 premières livraisons figures coloriées , et les 3 premières livraisons du texte.

692. — Recueil de 40 vues de France, lithographiées par C. Bourgeois, et publiées par Delpech, 1 vol. in-fo. oblong.

693. — Voyage pittoresque de l'Istrie et de la Dalmatie, par Casas, livraisons de 1 à 14, la 8ᵉ. manque, la 12ᵉ. est double.

694. — Nouveau voyage pittoresque du nord de l'Italie, par T. C. Brun, Neergaard, dessins par Naudet, gravures par Debucourt, Paris, 1816, les 8 premières livraisons in-folio.

695. — Les roses par P. J. Redouté, 26 livraisons, petit in-folio.

696. — Histoire naturelle des promerops et des guêpiers, par François Levaillant, faisant suite à celle des oiseaux de Paradis, par le même, Paris, 1807, première partie.

Voyage dans la Haute-Egypte, par H. Nectoux une livraison.

Principes de paysages par Moreth, etc., 5 livraisons.

Histoire de Geneviève de Brabant, par Ch. Normand, 1813, une livraison ; en tout, 9 cahiers in-folio.

697. — La ménagerie du museum d'histoire naturelle, peinte par Maréchal, avec les notes explicatives de MM. Cuvier et Lacépède, membres de l'institut, 10 cah. in-fo.

698. — Estampes diverses encadrées, passepartouts, porte-feuilles, volumes de papiers blancs, et articles omis, seront vendus sous ce Nᵒ.

LIVRES

DE LA BIBLIOTHÈQUE

DE FEU

M. BATAILHE DE FRANCÈS MONTVAL.

[illegible]

LIVRES
DE LA BIBLIOTHÉQUE

DE FEU

M. BATAILHE DE FRANCÈS MONTVAL.

1. — Le Code civil des Français. Paris, 1804. In-4°, bas.

2. — Encyclopédie méthodique ; 55 premières livraisons environ, texte et planches. In-4°, cartonné.

3. — Elémens de la philosophie newtonienne, par Pemberton, traduits de l'anglais (par Elie de Joncourt). Amsterdam, 1755. In-8°, fig., veau mar.

4. — Les Essais de Michel, seigneur de Montaigne, avec des notes par Coste. Paris, 1725. 3 vol. in-4°, porte-feuille, veau br.

5. — Système de la nature, ou des lois du monde physique et du monde moral, par Mirabaud (par le baron d'Holbach). Londres (Amst. Reg.), 1770. 2 vol. in-8°, veau mar.

6. — Dictionnaire raisonné universel d'histoire naturelle, par Valmont de Bomare. Paris, 1775. 9 vol. in-8°, veau mar.

7. — Morceaux extraits de l'Histoire naturelle de Pline, par Gueroult. Paris, 1785. In-8°, veau mar.

8. — Partie des 1008 planches coloriées des oiseaux de Buffon. In-4°, en feuilles.

9. — Dictionnaire raisonné universel des arts et métiers, par Joubert. Paris, 1773. 5 vol. petit in-8°, veau mar.

10. — Machines et inventions, approuvées par l'Académie des sciences, publiées par Gallon. Paris, 1767. 2 vol. in-folio, cartonnés.

11. — Dictionnaire de l'industrie, par Duchesne. Paris, an IX (1800). 6 vol. in-8°, brochés.

12. — De l'industrie française, par le comte Chaptal. Paris, 1819. 2 vol. in-8°, brochés.

13. — Elémens de chimie pratique, appliquée aux arts et aux manufactures, par Millar, traduits par Coulier. Paris, 1822. In-8°, broché.

14. — Elémens de chimie expérimentale, par W. Henri, traduits de l'anglais par Gaultier-Claubry. Paris, 1812. 2 vol. in-8°, brochés.

15. — Chimie appliquée aux arts, par Chaptal. Paris, 1807. 4 vol. in-8°, fig., brochés.

16. — Elémens de chimie, par Chaptal. Paris, 1795. 3 vol. in-8°, veau gr.

17. — Dictionnaire de chimie, par Cadet. Paris, 1803. 4 vol. in-8°, brochés.

18. — De la peste, ou époques mémorables de ce fléau, et les moyens de s'en préserver, par Passon. Paris, an VIII. 2 vol. in-8°, brochés.

19. — Recueil des pièces qui ont concouru pour le prix de l'Académie de chirurgie. Paris, 1775. 13 vol. in-12, veau mar.

20. — Elémens de pathologie générale et de physio-

logie pathologique; par Cailliot. Paris, 1819. 2 vol. in-8°, brochés.

21. — Traité d'anatomie pathologique du corps humain; par Baillie, traduit de l'anglais par Ferrall. Paris, 1803. In-8°, broché.

22. — Nouveaux élémens de physiologie, par C. Richerand. Paris, 1820. 2 vol. in-8°, brochés.

23. — Traité des sensations et des passions en général et des sens en particulier, par Le Cat. Paris, 1767. 3 vol. in-8°, veau mar. fig.

24. — Journal de médecine, chirurgie et pharmacie. Paris, 1754. Au mois d'août, 1793, 94 vol. in-12; les 65 premiers, demi-reliûre; le reste, en numéros. (Manquént janvier, février, avril, 1786; janvier 1788, mars, avril 1791.)

25. — Cours d'anatomie médicale, ou élémens de l'anatomie de l'homme, par A. Portal. Paris, 1803. 5 vol. in-8°, brochés.

26. — Bibliothèque choisie de médecine, par Planque. Paris, 1748. 31 vol. in-12, brochés.

27. — Dictionnaire raisonné d'hippiâtrique, cavalerie, manége et maréchalerie, par Lafosse. Paris, 1776. 2 vol. in-8°, fig., veau mar.

28. — Les élémens de géométrie d'Euclide, traduit par Peyrard. Paris, 1804. In-8°, broché.

29. Pratique de la géométrie sur le papier et sur le terrain, par Séb. Leclerc. Paris, 1744. Petit in-12, figures, veau mar.

30. — Cours complet d'optique, trad. de l'anglais

de Smith, contenant la théorie, la pratique et les usages de cette science, par le P. P. (Pezenas). Avignon, 1767. 2 vol. in-4°, fig. veau mar.

31. — Elémens de perspective pratique, à l'usage des artistes, par Valenciennes. Paris, 1820. In-4°, fig. broché.

32. — Dictionnaire des artistes, par Fontenai. Paris, 1776. 2 vol. petit in-8°, cartonnés.

33. — Méthode pour apprendre le dessin, par Jombert. Paris, 1784. In-4°, fig., veau mar.

34. — Les règles du dessin et du lavis, par Bachotte. Paris, 1754. In-8°, fig., veau mar.

35. — L'art du peintre doreur, vernisseur, par Watin. Paris, 1802. In-8°, bas.

36. — Traité théorique et pratique sur l'art de faire et d'appliquer les vernis, par Tinguy. Genève, 1803. 2 vol. in-8°, brochés.

37. — OEuvres d'Et. Falcônet, statuaire. Lausanne, 1781. 6 vol. in-8°, veau mar.

38. — Dictionnaire des graveurs anciens et modernes, par F. Basan. Paris, 1789. 2 vol. in-8°, brochés, fig.

39. — La manière de graver à l'eau forte et au burin, et de la gravure en manière noire, par A. Bosse. Paris, 1745. In-8°, fig., veau mar.

40. — Recherches sur l'art statuaire, considéré chez les anciens et chez les modernes. Paris, 1805. In-8°, broché.

41. — Histoire de l'art chez les anciens, Winckelmann, traduite de l'allemand. Paris, 1766. 2 vol. in-8°, brochés.

42. — Histoire de l'art chez les anciens, Winckelmann, trad. de l'allemand, avec des notes historiques et critiques, par Hubert, et revue par Jansen. Paris, an XI (1802). 3 vol. in-4°, fig., cart., non rog.

43. — Dictionnaire des arts de peinture, sculpture et gravure, par Watelet. Paris, 1792. 5 vol. in-8°, brochés.

44. — Recueil de lettres sur la peinture, la sculpture et l'architecture, par Jay. Paris, 1817. In-8°, broché.

45. — Discours touchant le point de vue dans lequel il est prouvé que les choses qu'on voit distinctement ne sont vues que d'un œil, par Séb. Leclerc. Paris, 1679. Petit i-12, veau mar.

46. — Conférence de Le Brun, premier peintre du roi de France, sur l'expression générale et particulière des passions. Vérone, 1751. Petit in-8°, fig., v. m.

47. — OEuvres complètes d'Ant. Raphaël Mengs, contenant différens traités sur la théorie de la peinture, trad. de l'italien. Paris, 1786. 2 vol. in-4°, cartonnés, non rog.

48. — Traité de la peinture et de la sculpture, par Richardson, trad. de l'anglais par Oytwerf, Rutgers et Teukate. Amsterdam, 1728. 3 vol. in-8°, fig., veau br.

49. — Nouveau livre des cinq Ordres d'architecture, par J. B. Vignole. Paris, 1776. In-8° broché.

50. — Manuel du Museum français, par F. E. T. M. D. H. J. N. Paris, 1802. 10 livraisons in-8°, fig., brochées.

51. — Galerie complète du Musée Napoléon, par Filhol. Paris, 1804-1814. 120 livraisons grand in-8°, brochées.

52. — Annales du Musée et de l'Ecole moderne des beaux arts, rédigées par Landon. In-8°, broché, les années 1808, 10 et 22.

53. — Recueil des figures, groupes, thermes, fontaines, vases et autres ornemens, tels qu'ils se voient dans le château et parc de Versailles. Paris, 1694. Petit in-4°, veau mar.

54. — Le petit trésor des artistes et des amateurs des arts. Paris, an VIII (1800). 3 vol. petit in-8°, fig., brochés.

55. — Recueil de gravures au trait, à l'eau forte et ombrées, d'après un choix de tableaux de toutes les écoles, par Le Brun. Paris, 1809. 2 vol. grand in-8°, fig., brochés.

56. — Description historique et critique des statues ; bas-reliefs, bustes antiques, en marbre et en bronze ; les peintures et sculptures modernes du Musée royal, par Lenoir. Paris, 1820. In-8°., fig., br., livraison 1 à 5.

57. — Musée des monumens français, dessiné par

Lenoir et Percier, gravé par Guyot. Paris, 1804, 6 vol. in-8°., fig., br.

58. — Choix de tableaux et statues des plus célèbres musées et cabinets étrangers. Paris, 1819, 2 livraisons. In-8°., fig.

59. — Idée générale d'une collection complète d'estampes, avec une dissertation sur l'origine de la gravure et sur les 1ers livres d'images (par le baron de Heineken). Leipsick, 1771. In-8°., fig., br. (Rare.)

60. — De la manière d'enseigner et d'étudier les belles-lettres, par Rollin. Paris, 1730, 4 vol. in-12, veau br.

61. — OEuvres de Virgile, trad. en français par Desfontaines. Paris, 1802, 4 vol. in-8°., br.

62. — Les poésies d'Horace, trad. en français par le P. Sanadon. Amsterdam, 1756, 8 vol. in-12, v. m.

63. — Les métamorphoses d'Ovide, trad. en vers français par Desaintange. Paris, 1808, 4 vol. grand in-8°., fig., cart., n. r.

64. — Satires de Juvénal, trad. par Dusaulx. Paris, 1770. In-8°., v. gr.

65. — OEuvres complètes de Voltaire. Khell, 1784, 92 vol. in-12, v. m. (Manque le vol. 92.)

66. — Lettres familières de Winckelmann. Amsterdam, 1781, 2 tom. en 1 vol in-8°., bas., (trad. de l'allemand par Janson).

67. — Précis de la géographie universelle, par Maltebrun. Paris, 1812, 4 vol. in-8°.; br. (Le tom. 1 à 4.)

68. — Abrégé de l'histoire générale des voyages, par Laharpe. Paris, 1820, 24 vol. in-8°.; br. et atlas in-folio, cart., (les 5 premiers vol. manquent.)

69. — Voyage dans la république de Colombia en 1822 et 1823, par Mollien. Paris, 1824, 2 vol. in-8°., fig., br.

70. — Histoire philosophique et politique, par Reynal. Lahaye, 1774, 7 vol. in-8°., fig., v. m.

71. — Œuvres complètes de Tacite, trad. en français par Dotteville. Paris, 1799, 7 vol. in-8°., v. gr.

72. — Les Douze Césars, trad. du latin de Suétone, par Laharpe. Paris, 1770, 2 vol. in-8°., v. f.

73. — Histoire de Charles-Quint, par Robertson, trad. de l'anglais (par Suard). Amsterdam, 1771, 6 vol. in-12, v. m.

74. — Histoire de l'Amérique, par Robertson, trad. de l'anglais (par Suard.) Paris, 1778, 4 vol. in-12, v. m.

75. — Nouvelle méthode du Blason, ou l'art héraldique du P. Ménestrier. Lyon, 1770, in-8°., fig., v. m.

76. — Recherches curieuses d'antiquités contenues en plusieurs dissertations sur des médailles, etc., par Spon. Lyon, 1683, in-4°, fig., v. br.

77. — Recueil de médailles de rois, qui n'ont point encore été publiées et qui sont peu connues (par Pellerin.) Paris, 1762, in-4°., fig., cart., n. rel.

78. — Le Costume ou Essai sur les habillemens et les

usages de plusieurs peuples de l'antiquité, prouvé par les monumens, par A. Lens. Liége, 1776, in-4°., fig. br.

79. — Recueil des habillemens des différentes nations anciennes et modernes et en particulier des vieux ajustemens anglais d'après les dessins de Holbein, de Van Dyck, etc. Londres, 1757, 2 vol. in-4°., fig., br., (en anglais et en français.)

80. — Costume des anciens peuples, à l'usage des artistes, par Dandré Bardon. Paris, 1784, 4 tom., 2 vol. in-4°., fig., br.

81. — Collection académique publiée par Bertyat. (Savans français, 11 vol.; savans étrangers, 13 vol.; tables de Rozier, 4 vol.) en tout 28 vol. in-4°., fig., v. m.

82. — Histoire des mémoires de l'Académie des Sciences 1666 à 1787, 92 vol.; savans étrangers, 8 vol.; tables 1666 à 1750, 6 vol.; en tout 106 vol. in-4°., v. m. et d. rel. (Manque les tom. 12 et 4 de 1666 à 1699; les années 56, 57, 63, 64, 83, 84 et 85; savans étrangers 5, 6 et 8 et 3, vol. de tables.

83. — Catalogue raisonné des différens objets de curiosités dans les sciences et arts qui composaient le cabinet de M. Mariette, par Basan. Paris, 1775, in-8°., fig, v. m., (avec le prix.)

84. — Les vies des hommes illustres de Plutarque, trad. en français par Dacier. Amsterdam, 1724, 10 vol. in-12, fig., v. br.

85. — La vie des peintres Flamands, Allemands et Hollandais, avec des portraits; par J. Descamps. Paris, 1753, 4 vol. in-8°., v. m., (bel exempl.)

86. — Vita di Michel Angelo Bonarroti, pittore, scultore, e architetto Fiorentino. Scritta da G. Vasari. Roma, 1760, in-4°., fig., v. m.

87. — Recherche curieuse de la vie de Raphaël Sanzio d'Urbin, de ses œuvres de peintures et estampes qui ont été gravées en taille-douce par Marc Antoine Bolognois, et autres, décrite par Vasary, recueillie par de Bombourg. Lyon, 1675, petit in-12, cart., (rare.)

88. — Vie de Nicolas Poussin, considéré comme chef de l'école française, suivie de son œuvre complète. Paris. 1802, in-8°., fig., br., livraisons 1 à 5.

FIN.

www.ingramcontent.com/pod-product-compliance
Ingram Content Group UK Ltd.
Pitfield, Milton Keynes, MK11 3LW, UK
UKHW022101070726
13613UKWH00002B/899